松川事件の真犯人

吉原公一郎

祥伝社文庫

転覆し重なり合う列車（毎日新聞）

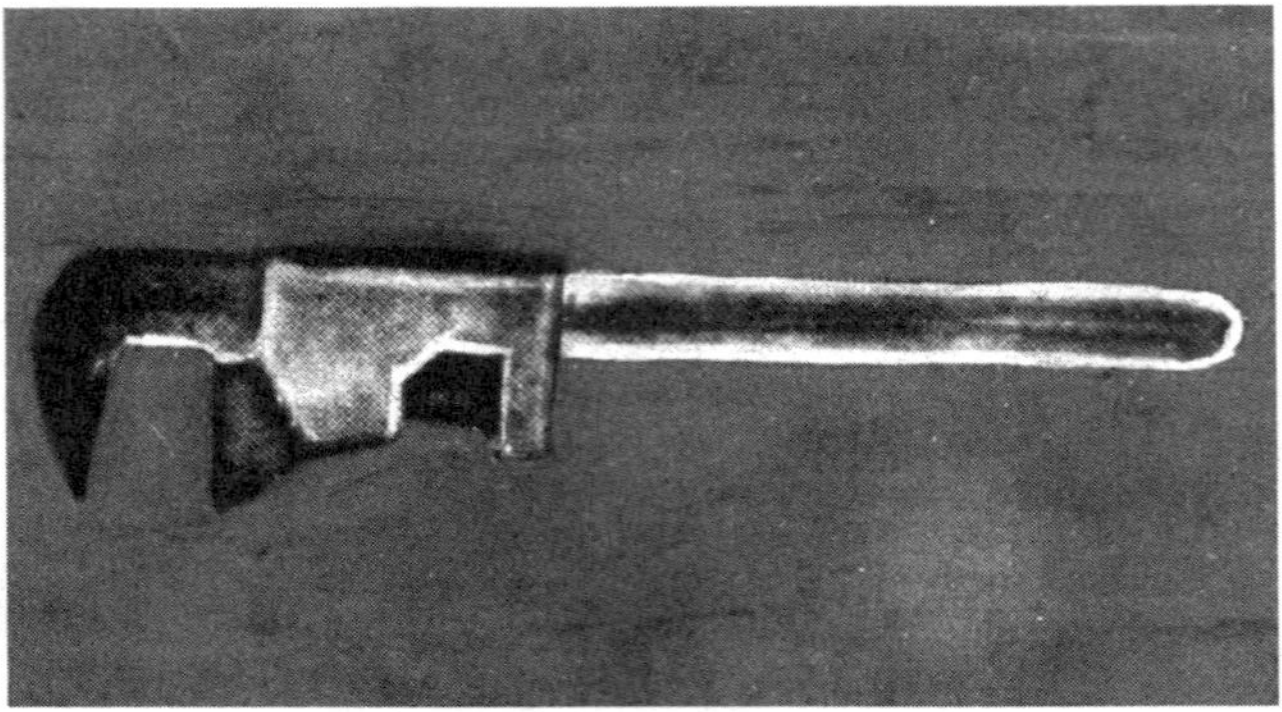

警察が犯行の証拠としたスパナ（毎日新聞）

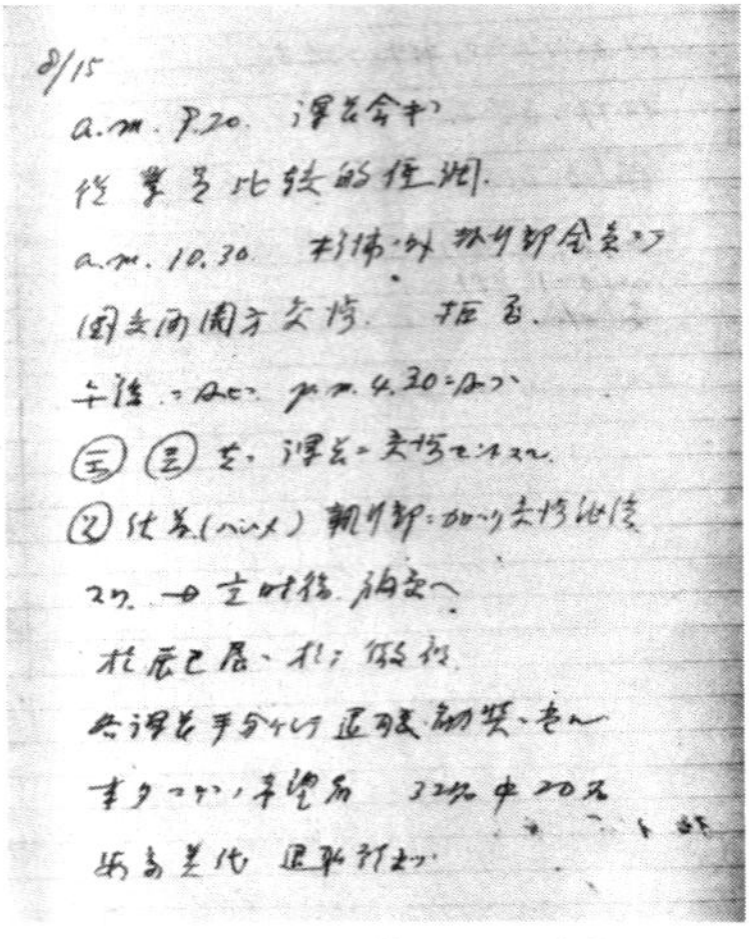

冤罪の決め手となった「諏訪メモ」（毎日新聞）

松川事件の真犯人　目次

第一章　予行演習　13

第四章　不在証明　87

第一章　予行演習

取材につきまとう黒い影

先程から一人の男が、妙に私の心をとらえていた。五十年配であろうか。やや薄くなりかけた頭髪――くたびれたグレーの背広。だが、突き出た眼は鋭い。

《どこかで会った男だ》われわれとは通路をへだてて斜向いにその男はすわっていた。彼は窓外を指さしながら、乗りあわせた客に沿線の風景を説明している様子である。しかし、停車駅が近くなると、われわれの存在が気になるのか、しばしばこちらを盗み見する。そして、視線がかちあうと、あわてて眼をそらす。

《たしかにどこかで見た顔だ》列車が岡山市に近い湿地帯を走り、この地方の特産物・藺《い》草《ぐさ》の田がえんえんと続くのをみたとき、はっと思いあたることがあった。

東京駅二一時一五分発、宇野行き急行〝瀬戸〟で、四国松山に向かったのは四日前のことだった。私たちはいまと同じように海側の座席をとった。そのとき、通路をへだてた反対側に乗った客の一人がなぜか印象にのこった。その男もまたいまのように、私たちへ寄怪な視線を送っていたのだ。それがいっそう気がかりになってきたのは翌日の午後一〇時ごろだったろうか。ちょうど、藺草刈りの最盛期を迎えた岡山平野を列車が走っていたころだった。

「いまが盛りなんですよ。畳の表に使う草で、刈り入れたら雨にあてないように乾燥して、一挙に取り入れなくちゃいけないんでね、人手が足りなくなる。大変なんですね、あの人たちは。季節労働者なんですよ」

男の声には東北の訛《なま》りがあった。私も夏の陽射しを浴びながら刈りとられてゆく藺草刈りの光景を眺めていたものである。このときも男の探るような眼がわれわれに始終向けられていた。

その同じ視線が、いまふたたび私をみつめていたのだった。

藺草刈りはわずか四日のあいだにおわっていた。が、藺草田をみたとき、先刻からの視線の主が、つい四日前の男と同一人物であることに気づいたのである。

男が何者であるかいまもわからない。乗りあわせた男がたまたま同じようにぶつかる――よくある偶然である。だが、私たちには偶然として簡単に割り切ることのできない理由があった。このような偶然はひんぱんに私たちを訪れるだろうと予想していたことだったからである。

それでも、いまから一二年前におこった四国予讃線の列車顚覆《てんぷく》事件の第一回目の取材のときには尾行らしい姿はなかった。だが、それから旬日後の第二次取材のさいには、最初からわれわれの背後に黒い影がつきまとっていたようである。関係者たちもなぜか二度目には口を閉ざしてしまった。そこには、当局か、あるいはそれ以外の何者かの手によって取材妨害がおこなわれたと見られるふしが多い。

取材妨害については、ここではふれないでおこう。ここでは松川事件の真犯人を追う第一段階として、私たちがなぜ四国予讃線事件、奥羽線庭坂事件の二つをえらんだかについて語っておかなければならないだろう。

〝砂漠から古墳を掘り出す〟

一九四九年は列車妨害の年だった。松川事件の前後に国鉄当局が調査した数字をあげると次のようになる。

昭和二四年四月一七九件、五月二五九件、六月五一七件、七月一五七四件、八月四八八件、九月三〇〇件（数字は『朝日年鑑』昭和二五年度および二六年度版による）に達している。

六月から七月にかけて、事故の数字が急上昇しているのは、国鉄本部運輸局保安課が「二八日午後四時緊急電話指令で『列車妨害事故は当分の間細大もらさず報告せよ』と指令した」（二四・六・二九『読売新聞』）ために調査方法に人為的な変化があったからだった。

だが、「学童のいたずらもあるが、専門的知識を持ち、内部の事情に通じている者が計画的におこなっていると思われる所がある。またその地域もかつて急進分子が多かった地方に発生しており、何らかの政治的意図によったものであったかの印象をうける」という六月三〇日の下山国鉄総裁の談話を引用するまでもなく、列車妨害は、背後関係＝急進分子という表現をもって次から次へと報道された。その間に、下山、三鷹、松川事件があいついで発生したのである。国鉄九万五〇〇〇人の馘首《かくしゅ》を含む政府の反共政策が、これらの事件を背景にしてすすめられたことは、ここであらためていうまでもないだろう。そして、共産主義者による破壊活動であると宣伝されたこれらの事件が連鎖反応的に発生した年の翌年、つまり一九五〇年に朝鮮動乱がおこっているのだ。松本清張氏が『日本の黒い霧』で指摘されているように、アメリカ軍側に作戦の一つとして、日本における鉄道輸送の確保にその目的があった、というのは、いまや通説にさえなっているのだ。

こういう脈絡をたどっていけば、前にあげた列車妨害事件の数字のなかには、松川事件の布石として打たれてきた、つまり、いわば意識的にひきおこされた事件がかなりの数にのぼるものとみることができるのではないか。そして、この疑問をつきつめていくならば、かならず松川事件の真犯人にいきあたるはずである。

だが、事件以後一二年も経過した現在、そういう仕事はほとんど不可能にちかいといっていい。私達はこれらのなかから、比較的人びとの記憶に残っていると思われる事件で、その手口からいって松川事件と酷似している二つの事件をえらんだ。

その一つが松川事件の三ヵ月前の五月九日「予讃線でレールの継目をコジあけ、旅客列車を顚覆させて死傷者三名を出した」（昭和二五年度版『朝日年鑑』）いわゆる予讃線事件であり、他の一つが松川事件のおこる前年の四月に松川とは眼と鼻の奥羽線庭坂駅で発生した列車顚覆事件であった。これらの事件は松川事件と「全く同一犯行で、これと一連のつながりのある鉄道に精通した過激分子の犯行とみられた」（二四・八・二一『読売新聞』）事件であった。だが、われわれは取材にかかるまで、事件の概要すらも完全につかんでいない状態であり、いわば、砂漠から古墳を発掘する仕事にも似てまったく五里霧中のありさまだった。

予讃線事件——こうして起った

松川事件の三ヵ月前、昭和二四年五月九日、午前四時二三分に、四国予讃線、浅海《あさなみ》・北条駅間でおこった列車顚覆事件——いわゆる予讃線事件については、当時どういう理由によるのか、くわしく報道されなかった。したがって一二年後の現在、われわれが事件の状況を判断する資料としえたのは、わずかに地元の愛媛新聞があるのみだった。

愛媛新聞社資料室に保存してあった昭和二四年五月一〇日付の紙面は、黄色く変質していた。

〝集団で貨物を狙う？

レール破壊　用具も発見

浅海―北条間　七名死傷〟

五段見出しである。当時は紙不足で僅か大判二頁の紙面だが、その少ない紙面は全面にわたって、この列車顚覆事件で埋めつくされている。記事の内容を簡単に説明しておこう。

四国高松桟橋駅を出た宇和島行き下り準急一列車は、浅海駅を定時に通過、時速五五キロで北条駅に向かっていた。左手は山、右に瀬戸内海が夜明け近い冷気を吸って黒々と広がっていた。

列車が菰田トンネルを通過して北条町難波大浦の切り通しカーブにさしかかった瞬間、ものすごいショックとともに、機関車が脱線、四〇メートル突っ走って右手の小山に激突、勢いあまって一二〇度右旋回、高さ八メートルのガケに半身をのり出してそのまま停った。

炭水車と客車二輛がつづいて〝く〟の字型に脱線、そのあいだにはさまれた機関助手津吉悦夫（20歳）、一色好隆（19歳）、同見習徳田昌三（20歳）の三君は胴体切断や全身の火傷で即死、藤田三光機関士（当時23歳）だけが奇蹟的に顔面を火傷した程度ではい出して

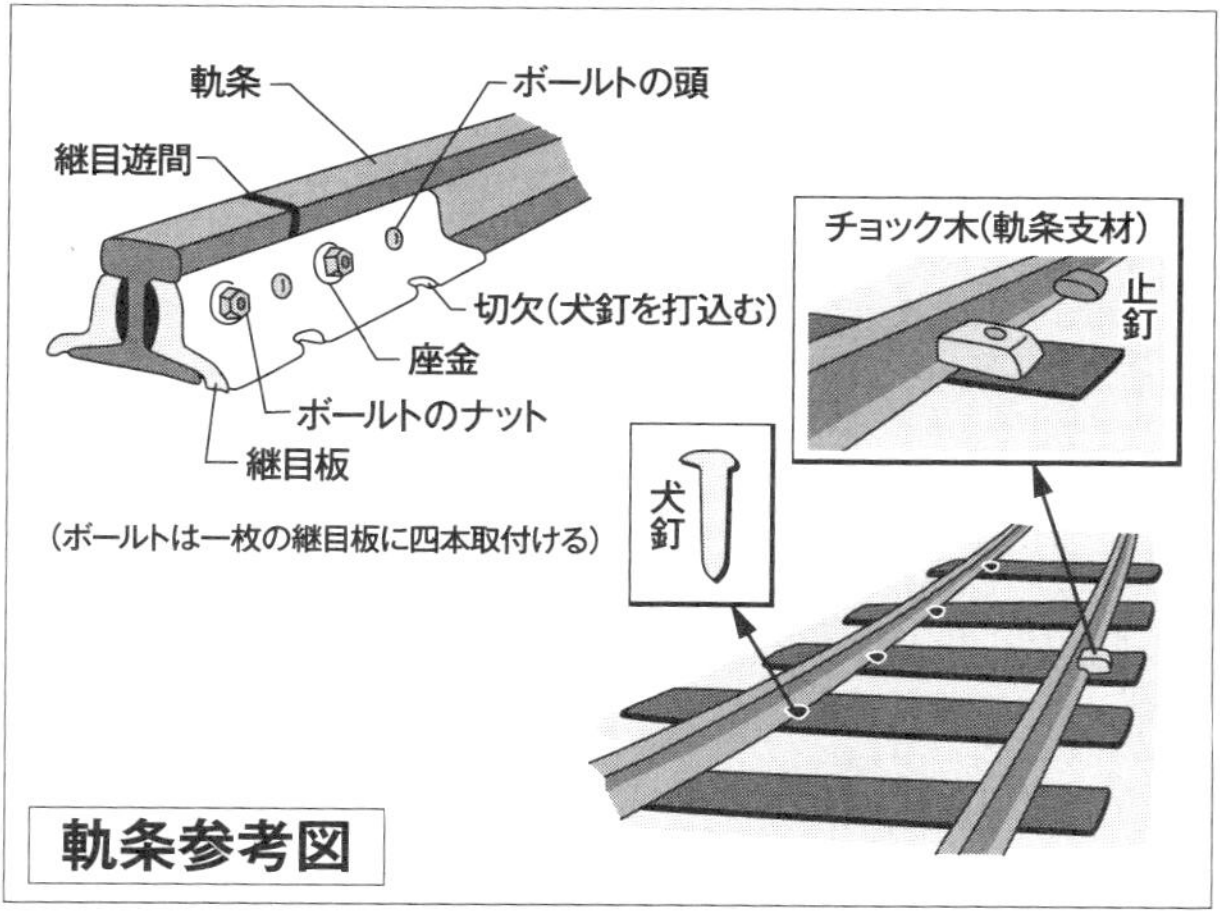

きた。

もしも、ここの切り通しカーブの海側に小山がなかったら、機関車は七輌の客車もろともガケ下の今治街道に転落したにちがいない。これは、後にのべる奥羽線庭坂事件で、線路際の電柱にささえられて、客車の顚倒をまぬがれたのと同じ状態である。

ともかく、現場検証の結果、レールのツギ目板二ヵ所、四枚がはずされ、犬クギ八本がぬかれたうえに、レールが七五ミリの幅で海側へずらされてあったのが脱線の原因と認められた。浅海駅寄りにも、ツギ目板をはずそうとして、ボルトの頭をたたいた形跡があった。

ただちに、玉村勝二国警隊長（現警察庁刑事部長）を本部長に、特別捜査本部が北条町署におかれ捜査がはじめられた。

現場付近からツギ目板三枚、ボルト八本、犬クギ七本がみつかり、午後六時ごろ、現場から五〇メートル離れた山中からモンキースパナ一丁、翌五月一〇日に、レールをずらすのに使用されたと思われる丸太棒、犯行のさい音を消すために使ったと思われるスフ製のタオルの破片、米粒大の人間の皮膚（手足不明）などが発見された。だが、ツギ目板一枚と犬クギ一本はついに発見できなかった。

これらの証拠品、遺留品などから犯行は単独犯ではなく、少なくとも五、六人で、手口からみて素人ではないと判断された。

五月一〇日付の愛媛新聞では、この記事にくわえてさまざまな角度からの推理や捜査当局の分析がおこなわれているが、それはしばらく措くとして、以上が当時の新聞による予讃線事件の概略である。が、読者はここで、三ヵ月後に東北本線金谷川、松川間でおこった松川事件との奇妙な符合に気づかれたことだろう。

松川事件でも顚覆現場はカーブの地点であった。はずされたレールのツギ目板は二ヵ所、予讃線ではツギ目板一枚が行方不明だが、松川事件では何者かによって二枚のツギ目板が持ち去られた形跡がある。その上、発見されたスパナはどちらも自在スパナのたぐいであった。しかも松川事件の場合は、証拠品の自在スパナによってレール取りはずし作業が不可能であることは差戻審判決が指摘するとおりである。

こうした不思議な一致も二度までなら偶然ということもありうるだろう。だが、予讃線、松川事件とそっくりな、しかもあまり知られていない事件がもう一つある。松川事件より一年前に、松川とは目と鼻の地点でおこった奥羽線庭坂事件である。

それはともかくとして、予讃線事件の話をすすめよう。愛媛新聞社資料室で、予讃線事件にふれているその後の新聞をたんねんに調べてゆくうちに、事件がいつのまにか迷宮入りと決まり、一年半ほどで捜査本部が解散されていることがわかった。

そして、この犯罪も事件後一二年を経過したいまでは、人びとの記憶から去ってしまっていて、現在、この事件の謎を掘りおこそうとすることは至難のわざと思われた。

「ま、ゆっくりやってみるんですな。今夜はわしが松山を案内しよう」

愛媛新聞のＨ氏はそういってわれわれをなぐさめてくれたものである。

列車ダイヤは突如変更された

翌朝、愛媛新聞でつけてくれた客野記者の案内で、事件の現場を訪ねた。

美しい海だった。岸壁を洗う波の合い間に魚が泳いでいるのがみえた。南に山をせおい、アスファルトの道をへだてて瀬戸内海があった。ぐっと蛇のようにカーブした二本のレール。われわれが現場に到着したしばらくのちにそこをディーゼルカーが勢いよくとおりすぎた。ふいにあたりは静かになった。めったに人通りのない場所らしい。線路下の道路は二級国道（通称・今治街道）とはいっても、東京近郊の国道とはくらべものにならない。南側の山は蜜柑や梨の果樹園だが、ときどき、手入れにくる農夫の姿がみえるぐらいである。

その静けさのなかに「殉難の碑」と刻まれた真新しい石碑があった。殉職者の同僚たちが一三回忌の法要のために立てたものだという。

枕木の上に立って現場を観察すればするほど、松川事件の現場——松川・金谷川間のカーブ地点の状況に似ているのである。

ここなら、犯行のあいだ、人に発見される心配が少ない。人家も遠く、ふだんは人通りもほとんどない。まして、犯行時間が午前四時二三分顚覆までの深夜ならなおさらだろう。逃走経路も海上、陸上とももってこいのまことに申し分ない現場といえる。

これで事件のおおまかなことはわかった。つぎに必要なことは重要と思われる関係者にあたり、基礎的なデータを集めることであった。

生き残った藤田機関士は、殉職した徳田昌三君の実妹徹子さんと結ばれていた。

「ガッタンという物すごい音とショックをうけました。とたんに急ブレーキをかけたのですが、機関車はそのまま砂利の上を突っ走ってガクンと停り、真ッ暗闇になってしまったのです。しばらくして起き上がってみると機関車の私たちの座席はめちゃめちゃ。天蓋にはいのぼって客車の方をみました。なにより乗客のことが心配でしてね。そしたら、どうやら何ごともないので安心しました。だが、となりに乗っていた徳田君たちの姿がみえない。ただ、暗闇に横倒しになりかけた機関車からシューッとすごい音を出しながら白い蒸気がふき出していたのを憶えています」

一方、国鉄の事故報告書はどうか。事故の場合、かならず保線区や機関区の専門家が立合って事故報告書を提出することになっている。

それによると、現場地点は高松側からまず半径三〇〇メートルのカーブがあり、それが一旦零となり、次の地点でふたたび逆に半径三〇〇メートルのカーブに移る地点であった。勾配は六分の一二で、とくに急勾配でもない。保線状況も現場付近は松山保線区内でも良好の場所で、軌道も五、六年前に取りかえたばかりで新品同様だった。

天災などの不可抗力以外には絶対に事故などおこりようがないといわれたほどの現場だったが、軌道接合のボルトをはずし（そのうち二本のボルトはナットをふたたびはめて、すぐそばにおいてあった）、そのうえ犬クギをぬき、枕木を動かしやすいように砂利をぬいておいて、丸太棒でレールを七五ミリも海側へずらせてあったなど明らかに人為的に、それもかなり専門的に脱線を企図した形跡がれき然と残っていた。

「あれだけの作業をするには、われわれ専門の保線工でも三〇分はたっぷりかかる。素人なら一時間でも無理だね」現場検証にくわわった保線工（44歳）はそう断定する。もとより、多人数で作業にあたった場合である。

ついでに、国鉄四国支社松山駐在運輸部に足をのばした。同所運輸長付・尾崎増男氏は

「事故の詳細はよく知らないが、準急一列車が貨物列車の遅延で、つまりダイヤが急変されたため遭難した原因は濃霧のため貨物列車がおくれたからだと聞いている」と語った。ダイヤは急変されていたのである。だが、準急列車は濃霧などという状態にはまったく関係なかったのだろうか。不思議なことである。

こうした疑問をはらんだ予讃線列車運行表を調べる前に、奥羽線庭坂事件に目を転じてみよう。

汽笛は鳴り続けた——庭坂事件

庭坂は梨の名産地だという。汽車の窓からみても梨畠がひろがっていた。駅前には店一軒もなかった。正確には信夫郡吾妻村庭坂である。

私は福島第二機関区の人から教えられたとおり線路づたいに歩いていった。ずい分遠く感じられた。はじめは、暮れどきの涼しい風が心地よかったが、やがて汗ばんできた。二〇分ぐらい歩いたところで、急に視界が広くなった。右は広々と田んぼがつらなり、左側も山に向かって急な斜面をつくり、その底に、やはり田んぼがあった。線路は、両側の田んぼを築土で仕切り、その高い築土が大きくカーブして、向うにみえる山の中腹に突っこんでいた。殉職の碑は、これからカーブしようという、その土堤の下にあった。

付近の地勢を頭に入れ、現場をカメラにおさめた。夜半、現場にだれかがいても、発見するのは困難だろう、私はそう思った。

山麓の陽は落ちはじめると早い。はや暗くなってきた現場を離れて、私は部落に帰った。

駐在所には若い巡査がいた。彼は、列車顚覆事件についてはなにも知らなかった。一三年前の日誌には、ただ事件があったということが、三、四行にわたってしるされているだけだった。当時の巡査は、いまどこにいるか全然知りませんということだった。

昭和二三年四月二七日、午前零時四分、青森発上野行き四〇二列車が、奥羽線赤岩駅を通過し、馬洞門のトンネルを出てまもなく、突然、大音響とともに機関車がレールを踏みはずして、高さ八メートルの土堤下に転落した。

機関車が空中にとんだ一瞬、汽笛が弱々しく響いて消えた（当時の乗客談）。菅野弘道機関士（26歳）の鳴らしたものだろう。その直後、今度はカン高い汽笛がいつまでも鳴りつづけた。

機関車の前部が田んぼのあぜにあった岩に激突、機関士席の天蓋がひん曲がって、汽笛を下から突きあげたのだ。この付近はトンネルが多いため、当時、機関車は後向きについて、機関士を煤煙からまもっていたのだ。

「土堤下に機関車がぶっつぶれ、そのあとの郵便車、小荷物車が傾斜面に横転、最初の客車は傍らの電柱に四五度傾いてよりかかっていた。電柱がなければ、何百人の犠牲者を出したかわからない」（汽笛を聞いてかけつけた庭坂機関区・原田英弥氏・43歳）

原田さんよりおくれて、芳賀幸市さん（52歳・庭坂町大町）が現場に着いたときは、機関車に添乗していた技工の山岸孝君（19歳）はまだ息があった。

「機関車に胸と足とをはさまれて〝助けてくれ〟と叫んでいるのですが、どうにも手の下しようがないんですよ。やがて息が絶えましたが、あのときの光景はいまだに目にやきついています」

菅野機関士と三浦忠男機関助士（21歳）は、全身に蒸気を浴びて即死だった。

菅野機関士の姉妹はそのときの模様をつぎのように語ってくれた。

「一二時半ごろ、庭坂から、平野の農協に電話がかかってき、農協から私の家にしらせがあったのです。その時は〝重態〟といっていましたが、私は直感で〝ダメだ、死んでいる〟と思いました。母と妹とが、夜中の道を庭坂まで歩いて行きました。私は家に残っていたのですが、やはり居ても立ってもいられず、夜の明けるのを待たないで、庭坂に向けて歩きました。母たちは現場に行くのをとめられ、駅員の部屋に、ふるえながらすわっていました。私は通りすがりの駅員に〝弟はどうなりました？〟とききましたが、その人は答えずに困った顔をして通り過ぎました。そのとたんに〝やはり駄目だったんだ〟と知りました。私は人の制止するのもふり切って現場に走りました。ひと目弟の顔をみたかったのです。弟の死体にはコモが被せられていました。そして、片手が上に向かってもちあげられ、ちょうど、汽笛を引っぱるような手つきをしたまま硬ばっているのです。〝この辺は、いつでも汽笛を鳴らす所ですか〟と誰かにききますと、〝いや、そんなことはない〟といいます。戦争では何度か危険ななかを生きのびてきただけに、こんな死に方がくやしくてなりません。松川事件の方は、いろいろと派手に報道されていますが、それにつけても、私たちの犯人のほうはどうしてくれるのだろう、と思います。警察の方にもときどきいうのですが、〝いや忘れているわけではない〟とおっしゃるまま、ただもう時効を近づけるばかりのようです」

犯人については、慎重に、まったく心当りもないし、推測もできない、と語ったが、ふと横から口を出した妹が、松川事件の犯人と同じ種類の人では――と呟いたとき、姉の方が顔色をかえて、

「これ、そんなことというもんじゃありません」ときびしくたしなめた。そのときの状況から彼女たちも「共産党のしわざだ」と、心ひそかに思っているようであった。

〝立役者〟安斎警部補に会う

現場は福島駅から八・七五キロメートル、庭坂駅から約一・八キロメートルの地点。赤岩方面に向かって、線路は半径三〇〇メートルカーブし、千分の三一・三メートルの急坂

であった。

ふだんは四五キロの速度で走る下り坂だが、線路の事情が悪かった当時は、二五キロぐらいで走るよう指令されていた。そこから、事故の原因を、急行なみの夜行列車だったため、つい速度を出しすぎたせいではないかという疑問が出た。だが、それは乗客によって否定された。

「どうしてこんなにのろいのでしょう。二〇キロそこそこで走っているようだ。そう話しあっていた最中でした。グランと車が傾くと同時に、ドタンといって……」

梅津しずさん（当時56歳・東京三河台町）は、翌日の新聞でそう語っている。

もう一つは、保線工事の手落ち説である。事故の前々日、庭坂保線区で大々的な保線工事をおこなっているからである。だが、工事のあと何本も列車がとおっているのだから「ぜったいそんなことはありえない」（当時の庭坂保線区分区長菅野正之氏・69歳・川俣市鶴沢）ということになる。

けっきょく、福島地検山本検事、白井事務官、福島県警本部本田刑事部長、玉川捜査課次席らの現場検証の結果、レールのツギ目板二枚、犬クギ六本、ボルト四本をはずされていたことがわかった。だが、客車から降りた闇屋たちによって、現場はズタズタに荒され、その上雨が降り出したために、犯人追及の鍵となる材料はなに一つ残らなかったばかりか、事故原因が認定されたのも、発生後かなりの時間が経過してからであった。

事件当時、堀沢山形鉄道管理部長は、「はずしかたが巧妙であり、カーブのひどい個所をねらっている点、また内側でなく外側のみをはずしている点からみて、周到に計画されたクロウトの仕業に思える」と語っている。

一方、のちに松川事件捜査の中心人物となった玉川正元警視（49歳・会津若松市当麻・新聞店経営）は、「二ヵ月のあいだ、まったく寝ないで捜査に当ったよ。だが、証拠らしいものは何一つ出ないし、とうとうわからずじまいさ」こう語っているが、列車強盗だろうという漠然とした推測のまま、捜査は数ヵ月で打ち切られてしまった。

もっとも、玉川氏は「労組のなかに入って捜査できなかったのは心残りだ」と、含みのある言葉を残しているのだが……。

ところで、庭坂事件の捜査記録はみられないものか。福島署では「記録はぜんぶ県警本部にいってるよ」とのこと。

県警本部捜査課長は心よく迎えてくれたが、記録はこちらにはない、警備課だろう、という。課長は一人の年配の課員を呼んだ。赤ら顔で皺の多い、そして背が低くて風采のあがらない男だった。その男に、私を警備課に案内して記録をみせてやれ、というのである。

男と一緒に警備課に行ったが、記録はすべて松川事件の特捜班に持ち去られて、特捜班内はいかなるジャーナリストといえども立入り禁止とのことだった。その男はぼそっといった。

「そのころのことを知っているのは、もう私ぐらいなもんだろう」

「なんだ、それならはじめからあなたに聞けばよかった」

「しかし、私は捜査の一部分を担当しただけで、それも家に帰って昔のメモを見なけりゃ思い出せん。全体のことがわかるのは、当時の特捜本部長、本田泉さんだ」

本田氏は現在、警察学校の校長だという。すぐ電話をしたが、「そのころのことはもう全然おぼえとらんねえ。来たってお話出来んよ」との答えである。

一三年前の話を、こういうように人びとが忘れる(もちろん全然おぼえていないはずはないのだが)というのは無理もないが、時効を前に必死の遺族たちと会った後だけに、割り切れない思いであった。

さっきの男に私はいった。

「じゃ、一年後の松川事件のころについてもくわしいでしょうね」

「そりゃ、まァそうさね」と彼はいいながら、「まァすわれよ」と、私に椅子をすすめた。

そこで、はじめて私は彼の名を訊いた。

「安斎。安斎亥之松」

うかつだった。そのときまで、私は安斎亥之松警部補に気がつかなかったのだ。

「いよいよ一ヵ月あとですね。どうです、無罪になるような気がするんですが――」

「冗談じゃない」彼はむきになっていったものである。「無罪になったら世の中はヤミだ」

五〇分の臨検——ここでもダイヤが

だが、ここで当時の列車運行表に眼を転じてみるのも無駄ではあるまい。捜査当局が、故意か、無意識にか、列車運行状況を見落としていると思われるふしがあるからだ。

当時の国鉄運行表によれば、事件直前に現場を通過することになっていた下り福島発米沢行き四六三貨物列車は、庭坂駅を二一時五〇分に発車し、例の上り四〇二旅客列車と、二つ先の板谷駅ですれちがう予定だった。その間隔は一時間一〇分、顛覆作業には十分な時間である。ところが、四六三貨物列車は福島駅を定時に発車できず、五六分おくれて、庭坂駅を二二時四六分に発車している。

一方、四〇二旅客列車が運行表通りに動いていれば、下り貨物列車がおくれたために現場での下り貨物列車と、上り旅客列車が通過する時間の間隔はわずか二〇分にすぎなくなる。

事故現場まで、当時の列車運行速度によれば、庭坂駅から約一〇分、赤岩駅から一五分の距離にあるからだ。人目を避けて、六本の犬クギと四本のボルトをこのような短時間では取りはずせない。（松川事件では二三分ないし二七分である）

捜査の盲点はここにあった。だが、上り旅客列車が実際に現場にさしかかった時刻は零時四分だった。実に一時間以上の間隔があいているのである。旅客列車は米沢で、食管法による臨検があって、約五〇分遅れているのだ。

機関車に添乗して犠牲となった山岸孝君もその一人であった。彼は郡山の下宿にはこぶ米を持っていたが、米沢での臨検を機関車に移乗して避けたのである。

そのころは、米どころの秋田、山形から都会にむかって闇屋が横行していた時代である。この列車も例外ではなかった。

「現場についたとき、大きな荷物を背負ったヤミ屋たちが、警察のくるのを恐れて庭坂駅へと、線路づたいに歩いていました」（前掲・芳賀幸市氏）

臨検はしばしばおこなわれていたし、そのこと自体は何ら不思議はない。問題は臨検に必要とした時間なのである。

列車は五分遅れても事故としてあつかわれているくらいに、時間を重要視する。そのため、臨検も係官がいっせいに各車輛にのりこみ、一〇分から一五分、いかに時間をかけても三〇分かかる臨検はなかったといわれる。だが、この四〇二旅客列車は五〇分を臨検についやしているのである。

犯人を、玉川元警視のいうように「国鉄組合内部説」と推定するならば、顚覆作業中に上り旅客列車が通過することは知っているだろう。しかし、彼らは臨検のあることは知らないはずである。臨検は突然に指令されてこそ、その効果を発揮する性質のものだからだ。とすると、犯人はあらかじめ臨検があることを承知して作業を続行したものと考えられる。その連絡には当然、携帯無線機ぐらいは使用されたであろう。

庭坂事件が「周到な計画にもとづいた犯行」（前掲・堀沢山形鉄道管理部長）とみるのはそういう意味で正しい。犯人たちは貨物列車が遅れたのを知り、すれちがう旅客列車を遅らせた臨検も知っていたのである。

しかも、彼らは臨検の指令者と何らかの関係を持つ者であることは推察できる。急に列車ダイヤをかえるには、臨検はもっともらしい、唯一の理由であったにちがいない。福島発列車の事故を米沢に連絡して、係官を動員する時間は充分にあった。

つまり、当時官憲の臨検をふくめて、国鉄ダイヤを自由に支配できる者だけが、この事件を遂行しうる可能性を持っているのだ。ここで、常に「マイ・レールウェイ」といってはばからなかった日本における事実上の運輸大臣、ＧＨＱの鉄道担当官シャグノンの言葉を思い出していただきたい。

〝列車強盗〟――西部劇的発想

後で詳しくのべるが、松川事件では顚覆した四一二旅客列車の前に現場を通過する予定だった下り一五九貨物列車が運休している。この運休は破壊作業にとっては必須の条件だった。

では、予讃線の場合はどうか。当時の予讃線列車運行表によると、事件発生時刻の午前四時二三分より一三分前、四時一〇分ごろは、高松駅発松山行き五九貨物列車が浅海・北条間を通過するはずだった。準急一列車がすぐその後を追っていた。貨物列車が浅海駅を四時四分に通過して、次の伊予北条駅でその準急列車を待ち、追い越されるという予定である。だから、ダイヤどおりゆけば、伊予北条駅で貨物列車は四時一三分に着き、一二分遅れて準急列車が到着、そこで八分の間隔をおいて順序は逆になって運行する。

ところが、五九貨物列車が今治駅に三〇分延着したため、準急列車は三時三〇分、定刻どおり今治駅を発車して惨事に遭遇するのである。松川事件と庭坂事件における列車運行表の疑問は、ここでもまた、みごとに符合する。「ダイヤ通りにいっていれば、当然貨物列車が顛覆された。しかし、貨物列車が濃霧のために遅れたので準急がかわりにやられた」（前掲・尾崎増男氏）

ダイヤ変更の原因が、濃霧のためとしたら準急列車も同じような故障がおこるはずだ。だが、準急列車はこの天候障害には例外だったのか、正確にダイヤ通りの運行をおこなったために遭難したのである。

ダイヤ変更の原因が、「濃霧のため」であったという説が、国鉄四国支社松山駐在運輸長付・尾崎増男氏の記憶によるものであることは前にのべておいた。『愛媛新聞』五月一〇日号によると、尾崎氏の記憶とちがっている。

「被害列車より一足先に北条駅で待避することになっていた下り五九貨物列車が今治駅で機関に故障を起して三〇分延着、このため準急一列車は同貨物列車を今治駅で追い越して惨事に遭遇」したことになっている。

下り五九貨物列車の遅延の原因がはたして偶発的なものであったかどうかは後でのべるとして、捜査当局が〝列車強盗〟の仕業とにらんだ理由はそこにあった。

難を逃れた五九貨物列車には、大阪から松山、北条などへ送られる放出綿布、棉花三五トン、坂出で積みこんだ宇和島行きの輸入カリ肥料二〇トンのほか、リンゴ一〇トン、麦芽一〇トン、トラック、石炭などが満載されていたからだ。その積荷を知っている者がダイヤ表によって、綿密に犯行計画をたてたという推理である。

物資不足の当時の世相からみれば、こうした犯罪を考えつかないものでもない。そのころ瀬戸内海沿岸では、小舟数隻で海岸にある倉庫をおそう〝海賊事件〟がひんぱんにおこっていた。

列車が顚覆した時刻は、ちょうどあげ潮になりつつあり、小型船は現場のすぐ下の海岸までつけることができる。

「その日の午前一時ごろ、北条港の北、立岩川尻（現場から約二キロ付近の海岸）に、みなれない小型発動漁船が碇泊しているのをみた」（当時大同産業勤務・門田栄二氏）という目撃者もあらわれて、この〝海賊説〟は一時かなり有力視された。同じように、松川事件、とくに庭坂事件の場合は、捜査の途中では〝列車強盗説〟が大きな比重を占めたものであった。

だが、この推理はお笑い草である。当時の捜査官たちが、まともにそう信じこんでいたとすれば、列車顚覆事件を〝西部劇〟と混同した子供なみの知能程度といわれても抗弁のしようはあるまい。

予讃線事件が発生した当時、小舟で海岸の倉庫をおそう〝海賊〟事件がひんぱんにおこっていたのは事実だが、それらはいずれも〝こそ泥〟の域を出ないものだった。かりに、午前四時一〇分ごろ浅海・北条間の現場を通過する予定だった五九貨物列車を〝海賊〟が狙ったとしたらどうか。貨車に積んでいた荷物を夜明け以前に船に移すためには、相当の多人数であったとしても時間的に不可能である。逃走経路を陸上とした場合はなおさらであろう。「その日の午前四時半から五時ごろ、現場から百メートルほど山中に入った果樹園の手入れに行こうとして山道に入ったとき、二人連れの男——一人はよく覚えていないが、一方はカーキ色の服を着てほおかむりをした四〇歳位の男だったが、〝今治へ行くにはどの道がいいか〟と聞かれた。今治へ行くのなら、海岸寄りの立派な国道があるのに、なにもわざわざ山中の裏街道を行かなくともよい。そしてまもなく顚覆事件を知った」（北条市下難波・農業・川端新五郎氏）

観音さまの祭りと列車妨害

この言葉からもわかるように、すでに四時半には、現場付近に近所の人たちが姿をあらわしているのだ。誰の目にもふれることなしに目的を遂行しうる時間はわずか二〇分たらずしかない。この短時間のあいだに、百数十トンの貨物を現場から運び去ることは、いかに多人数をもってしても不可能なことである。列車顛覆という〝無期もしくは死刑〟の重罪も覚悟する必要がある犯罪の計画に、こうしたミスをおかすことは到底考えられないことである。まして、顛覆現場の選択にみられる計画性を考慮にいれればなおさらのことである。

筆者はさきに、予讃線事件について捜査担当者たちを〝西部劇〟と混同しているといった。まさに、この種の列車強盗は開拓時代の西部のような荒野でこそはじめて可能な犯罪なのである。

しかしながら、物盗りによる犯行と推定した捜査は〝海賊説〟と併行して陸上にも手をひろげて、それを裏づけるための聞きこみ捜査に終始したのであった。「朝になってから表の道路をとおる小学生たちが〝八日の夕方四、五人の棒をもった見知らぬ男が現場の線路を通っていた〟という意味の話をしながら歩いているのを障子越しに聞きました」という中村昌子さん（47歳・北条市大浦）の話は、川端氏が山道で事件当日の朝会った二人の男について、川端氏の子息・尊睦氏（28歳）が「警察にかかわりになるから黙っていたが、汽車がひっくりかえっているけんといわれて八時ごろ現場にいった。その途中黒石山中で黒ゲートルをして、鳥打帽をかぶった男と、もう一人が腰をおろしているのに会った」と洩らしているのと一致しそうである。

松川事件では虚空蔵さまのお祭りだったが、北条では「観音さまのお祭りで、深夜まで芝居にでて眠くてしかたがなかったのに、事件でおこされたのですよ」(尊睦氏)。これは偶然の一致であろうか。

観音さまのお祭りと列車妨害はまだある。

この事件がおこる四日前、同じ予讃線で八幡浜・高松間上り準急二列車が壬生川駅から約五〇〇メートルの地点にさしかかったとき、機関車の下から猛烈な爆音がおこった。午前零時を少しすぎたころである。乗っていた機関士は突然の音にびっくりして急停車した。

国鉄では急場を知らせるとき、発雷信号を使うことがある。機関士はその爆音を発雷信号と思ったものだ。だが、線路を検査したところ鉄道用発雷信号ではなく、そこから工業用ダイナマイトの雷管が発見されたのである。それはレールのツギ目部分にしかけられてあった。

不発の雷管が二個も発見され、列車の被害はまぬがれたものの、何者かが、悪質な列車妨害をこころみたことは明白だった。

現場から五〇〇メートル離れた壬生川駅のホームで列車を待っていた駅員にも、その爆発音が聞こえ、「いったい何事だろう」と驚いたというから、かなり大きな爆音だったらしい。

その夜、壬生川はちょうど地方祭りで賑わっていたが、犯人は祭りのざわめきに乗じて企てたのではないかというのが、取り調べた警察の意見である。

まもなく予讃線事件がおこり、捜査の過程でこの事件を知った当局は、両事件にある種のつながりをもって考えたようだが、両者を結ぶ線はついに発見できずにおわったようだ。

ともかく、捜査開始以来一ヵ月たったころ、数少ない遺留品のひとつであるスパナの出所が判明した。現場近くの温泉郡難波村下難波の一軒家、堀内精米所の土蔵から盗まれたものだった。事件前夜の七時から翌朝八時までのあいだに同所から消えたもので、米泥棒の使う〝カベ切り盗犯〟と同じ手口だった。

だが、これも〝出所判明〟から一歩も出ていない。けっきょく、〝列車強盗〟の線ではほとんど捜査はすすまなかった。

尻つぼみ――思想的背景説

ここで、捜査は一八〇度の転換をした。つまり、捜査の眼は松山、今治地区の共産党員、シンパ、国鉄職員の組合活動家にむけられはじめたのである。

戦後労働運動史のなかで、愛媛県の例をあげれば、二三年夏、松山機関区を中心に賃上げ要求の大がかりなストライキがおこなわれている。占領軍の輸送が全部ストップしたほどのものだが、その見返りとして四〇名近い首切りがおこなわれた。

翌二四年六月には定員法による人員整理であった。四国鉄道管理部内総従業員の二割、三六〇〇名がその対象になり、松山だけで七〇〇名が整理されるという二段構えの首切りがおこなわれた。愛媛県は北の青森・福島とならんで、革新勢力の強いところだった。

そして、まもなく下山、三鷹事件がおこり、共産党の犯行だと宣伝された。

こうした情勢のなかで、予讃線事件の捜査が、強盗説から一八〇度転換したことはうなずける。事実、当時取り調べを受けたという人間は延べ二〇〇〇人にのぼるといわれるが、そのなかに、労組幹部や共産党員は残らず入っていた。だが、それは「あまり積極的な調べ方ではなかった」ようだ。

「調べるといっても、参考人としてちょっと話を聞くぐらいで、取り調べなんてものではなかった。まるで義理できいているみたいだった」(当時国鉄労組松山支部委員長・渡辺博氏・38歳)

「やあ、といってむかしの幼なじみの刑事が顔を出しただけでしたよ。ほかの党員も一応はみんな刑事の訪問はうけていますが、とりたてて調べようとする態度ではなかった」

（日本共産党愛媛県委員会）

　そして松川事件がおこった。その翌八月一八日正午、増田甲子七官房長官は記者会見であたかも共産党員の犯行であるかのような発言をしている。

「今回の列車顚覆事件は集団組織をもってした計画的妨害行為と推定される。その意図するところは旅客列車の顚覆によって被害の多いことを期待したもので、この点無人電車を暴走させた三鷹事件よりさらに凶悪な犯罪である。一七日に共産党代議士の林百郎氏がきて、この事件は共産党の仕業と断定しないでくれといっていたが、私は話の趣旨だけは了承しておいた。しかし、今回の事件の思想的傾向は究極において行政整理実施以来惹起した幾多の事件と同一傾向のものであることは断言できる」

　この言葉は、予讃線事件の捜査当局に油を注いだものといっていいはずであった。ところが、当の予讃線事件は思想的背景説もわずか半月ほどで尻つぼみになっている。増田官房長官がどんないきさつで、現場の捜査官たちが五里霧中でいるときにそう断定したのか不思議というほかはないが、松川事件が思想的背景を持つものだと官房長官が断言している以上、非常に似たケースの予讃線事件の捜査には思想的関係にいっそうの力をいれるのが当然なことではないだろうか。だが、事実はその反対であった。不思議である。

　そして、犯人がなにを目的でどこからどうきたのか、その逃走経路も皆目つかめないいま、一年半ほどで捜査本部を解散している。

「一五〇〇万円の捜査費用と六〇〇〇〇人にあまる捜査員が、この事件究明のために動員された」（愛媛県警刑事部捜査第一課次席・升田誠警視）と報告されるように、四国では初といわれるほどの本格的捜査陣をはった。その足跡も涙ぐましいものだったが、奇妙なことにはこれほどの本格的態勢をとりながら、捜査開始から旬日を出ないうちに、事件は迷宮入りの印象を濃くしてしまったのだ。

「いまでも県警本部がひきついで継続捜査ということになっていますが……」（升田警視）

実情は、もはや完全にサジを投げた感じである。

なぜ〝迷宮入り〟になったか

予讃線事件は、最初から事件の概要をつかんだ範囲でも不審なことだらけであった。疑惑の匂いといおうか、迷宮入りになっておわるにはあまりに大事件という印象が深められていった。だが、なにしろ一二年という年月がながれてしまっている。土地の人びとにすら、事件は忘れ去られていた。いや、まだ継続捜査をしているはずの警察当局の捜査官でも、この事件を掘りおこしたいと来意をつげて訪ねても、こちらが記憶を呼びおこしてやっと思い当るといった風情であった。しかもその後、いささか迷惑顔で人手や予算不足をたてに弁解するのである。

県警本部の刑事部長室で、捜査一課次席の肩書をもつその大男は、警察の面目をかけてやったといわぬばかりに説明したものだ。その日は南国特有の太陽が照りつけ、すわっていても汗が絶え間なく肌をつたった。が、その警視がしきりにハンカチを使っていたのは、暑さのせいばかりでもなかったようだ。

「物盗り説だけじゃありません。思想的背景という線も、むろん無視してません。こればかりでなく、なにか大きな事件のときは二本立てやら三本立てと、いろいろ犯行の可能性が考えられる線は、みな同時に追うことにしています」と前置きしてから、捜査の経緯を簡単に語った。

――九月二日の夜、八名の捜査官によって、同県喜多郡大洲町の無職某（21歳）を窃盗容疑で逮捕した。自転車一台を盗んだ疑いだが、実は予讃線事件の六人目の有力容疑者だった。

事件発生の直後、五月一〇日に玉村勝二国警隊長の手もとに「私は実に申しわけないことをした。（中略）遠いところの谷川のほとりで死ぬばかりです」といった、あたかも列車妨害の犯行を匂わすような投書が届いた。その筆跡を手がかりに容疑者を探していたところ、つい三ヵ月前、窃盗罪で懲役一年、執行猶予三年の判決をうけたばかりの某の筆跡とそっくりなことがわかり逮捕に踏み切ったのだ。

もとより大がかりな犯罪だから慎重にあつかい、ミルクを飲ませたりした。某は筆跡鑑定の以前から、①日共党員と称し、八月二二日ごろ日共喜西地区常任委員、アカハタ八幡浜分局長の名刺（のちに偽造と判明）をもって八幡署にあらわれ、留置中の男の釈放を依頼した。②鉄道関係に知人が多い（一説には小荷物がかりをしていたという話もある）などから捜査線上に浮かんでいたという。

取り調べがはじまり、一週間すると事件前夜のアリバイがはっきりしなくなった。そして九月一四日、共犯者三名の名をあげ、犯行を自供したのである。捜査官は色めきたった。

ところが、それから急転直下、その共犯者を調べたらはっきりしたアリバイが証明されたのだ。やがて某の供述もあいまいになり、けっきょく〝白〟と判断され釈放された。

——二六年ごろ、特捜本部が解散したあとだったが、今治市の刑務所に服役中の男が予讃線事件の〝犯行〟を自供した。当局はここで第二次特捜班を組織してその男を洗った。が、これも売名のための狂言とわかり、せっかく掘りおこしかけた事件も、これを機会にまったく迷宮入りとなった。

そして、いまから考えると、当時警察機構が国警と自治警の二本立てにわかれていたことが大きなガンだった、と捜査官は弁明する。

事件直後、現場へかけつけたのは近くの北条町署員で、国警本部から赴いたときには、すでに乗客は全部現場から移されていた。そのため、乗客からの参考供述がとれないばかりか、現場付近は踏み荒されていた。また、現場付近から発見された遺留品のなかにあった、犬クギを抜くとき消音のために使ったと思われる手拭いの出所捜査でも、自治警との協力態勢がはかどらなくて困ったなど、弁明の材料はつきない。

それでも警視は〝栄転〟した

だが、知りたいのは捜査の苦労話ではなく、これほどの凶悪、かつ計画的犯罪がなぜ迷宮入りになってしまったのか、ということである。私は、犯行を匂わす手紙を玉村国警隊長に差し出し、そのため数ヵ月間有力容疑者に仕立てられた某という男の存在に興味をもった。しかし、その男は住所不定、いま、どこで何をしているか不明ということで、某を追及することは諦めなければならなかったが、松川事件の赤間勝美被告の場合とあまりによく似すぎてはいまいか。

私は、当時、某がどのように調べられたかを捜査の記録から分析してみたかった。ここまで概要がわかったいま、こんどはあらためて捜査当局の動きを全般的に分析することで、真相をつかむ糸口になるかも知れないと考えたからである。

供述調書は市内三津栄町にある西署の倉庫に山積されていることがわかった。私はその足で早速、西署を訪ねることにした。西署に古くから馴染んでいる愛媛新聞社会部の鳥谷記者が同行してくれた。

西署の刑事たちはみんな愛想がよかった。「なにも一二年前の迷宮入り事件をいまさらほじくらなくてもいいでしょう」とある係官は苦笑した。だが、彼らの苦笑にはもう一つの理由があった。それはまもなく知らされたことであるが。

長年、ここを担当していたおかげで、顔馴染みの多い鳥谷記者の手前、なんでも協力するといってくれた刑事たちは、さらに調書をみたいのだと要求すると、今度は顔を曇らせた。「記録、といっても山のようにありますよ。埃だらけで大変です。それに、あれはまだ解決してませんしね……」

彼らはしきりに、県警本部の許可を得たのかと念をおした。私は、つい先刻許可をうけ、記録のありかまで教わったのだから問題はないといったが、それでも信用しないのか、「念のためにもう一度聞いてみますから」と警察電話のダイヤルをまわした。

かなり長い時間、かたわらのわれわれには聞きとれない口調で話していたが、やがて「ええ、やっぱりまずいですな」といって受話器をおいた。

「せっかくですが、ご承知のとおり未解決事件でしょう。ホシでもあがってりゃかまわないんですが、当時の玉村さんはいま東京へ行っているし……」

当時の国警隊長玉村勝二氏はいま警察庁の刑事部長に栄転している。いま出世している人が手がけた迷宮入り事件はなるべくそっとしておきたい、同じ警察官である彼らはそう思ったのだろうか。せめて記録の山とか、現場から発見された遺留品など写真におさめたかったが、それも拒否された。

しかし、後になって——この日から一週間もたたぬうちに、この前後にとびこんできた意外な情報をたぐるため、第二次調査班を編成してふたたび当地へやってきたとき、彼らがわれわれを記録室から完全にオフリミットにした本当の理由がうなずけたのである。

ともかく、この事件の捜査で不思議なのは玉村勝二警視の行動であった。

「玉村隊長はなぜかわれわれの捜査行動をケン制した。はじめから物盗り説一本にしぼって捜査員を動かしたのが迷宮入りした原因だとみている」と、痛烈に批判するのは、この事件捜査にあたって当時第一線で活躍した腕利きの某元刑事（56歳・現在松山市内会社重役）だ。

「物盗り説重視は終始一貫していた。はじめからいろいろな方針をたててそれぞれに捜査班を組んでやればよかった。第一に捜査方針の間違い、次に捜査員の使い方で敗北した。玉村隊長はこの捜査で失敗しているのに異例の出世をして、皇太子投石事件、そして、安保闘争のとき国会南通用門、ハガチー事件のときの警備の花形だった。われわれに疑問なのはこの点だ。ともかく、この事件は当時の社会情勢からみて、松川と一本の糸につながらないはずはない。が、それについては、事件の時効がきてから語ることにしよう。そのときすべてを話すつもりだ」となにものかを暗示する。

松川事件、予讃線事件をつなぐ一本の糸とは、はたしてなにを意味するのか。そこにはなにか重大なカギが秘められているように思われる。

第二章　疑　惑

六人は消え、そして現われた

私はようやくその男に会うことができた。松山城の裏側、市電の上一万停留所に近い喫茶店Mで待っている、とクリーニング店の中年婦人に伝言してからかなり時間がすぎた。アベックが何組か入れかわった。中年の男が新聞や週刊誌をあさっていた。彼は私の方をしきりに気にしている様子だった。おそらく、見なれぬ都会風の男、と私を観察していたのかも知れない。だが、私は気がかりだった。

不安と期待の交錯する数十分がすぎた。すると、中年の客が席を立つと同時に、入口のドアがあき、白髪の、真っ黒に陽焼けした老人が店内をのぞいた。その眼ざしにぶつかって、私は目的の男であることがわかった。

「中村さんでしょう」

「ええ、中村です」

彼は私の前に腰をおろした。

「私は失礼ながら、あなたのことをよく存じておりません。はたして敵なのか、味方なのかも知りません」

「僕はあの事件の真相を調べにやってきたんです。そして疑惑をもちました。あなたも疑惑をもちつづけているということを聞いたので、それを教えてもらいたいのです」

　彼はやっと安心したらしく、話をはじめたのである。

　事件から六年目の夏、三〇年八月から翌年の七月まで、中村義雄氏は市内南町の奥島病院に肺結核で入院していたとき、同室の患者だった大谷昭三氏（52歳）と親しくなった。大谷氏は戦時中満州でドイツや英国系商社の通訳を務め、引揚後は米軍松山ＣＩＣの隊長付通訳をしていたのである。

　中村氏も駐留軍キャンプの守衛をしていたときの苦い経験をもっていた。従業員組合をつくったところ、ある日突然、家宅捜索されて、出てきた一個のアメリカ煙草を理由に馘首になった。政令違反がその理由であった。

　そういう経験を過去にもつ中村氏に、大谷氏は米軍ＣＩＣに情報を提供する日本人労務者の話をしたものである。

　ある日、話題が予讃線事件にふれたことがあった。すると大谷氏は「あの事件は、私が担当通訳だったから、誰よりもくわしい」と、事件前夜の米軍ＣＩＣがとった奇怪な行動を洩らしたのである。

「予讃線事件の発生する前日、松山にいたＣＩＣの全員が今治のタイ網漁見物にでかけたと聞いたとき、私ははっとしました」

と中村氏はいうのである。

今治沖では、毎年五、六月にのぼってくる〝のぼりダイ〟と、秋の〝ムギワラダイ〟を網でとり、獲物をサカナに船上で宴をはる。この地方では有名な行事の一つで、駐留軍も毎年五月ごろには見物にでかけたものである。

「ＣＩＣの一行九人はタイ網見物の終わったその晩、今治市内の某旅館で宴会をひらいた。真夜中になって大谷さんと隊長、副官級の人を残して、六人はジープでどこかへ消えた。

翌朝、大谷さんたちが帰ろうとしたら、鉄道に事故があったと知らされ、ジープで帰る途中、午前九時ごろ現場を通過した。ところが、そこには昨夜帰ったＣＩＣの人たちが姿をみせていた。『いったん松山に帰ってまた出てきた』と彼らは語っていたというが……」

中村氏は、大谷氏からきいたこの話から、予讃線事件に疑惑をもった。

夜半から事件発生までの数時間のうち、たとえ、まっすぐ帰ったとしても、一度は顚覆現場をとおらなければならない。今治・松山間の海岸を走る二級国道、通称〝今治街道〟は現場付近ではちょうど海と鉄道を腹背に受け、今治・松山間のほぼ中間に位し、時速四〇キロ程度で走らせてともに四〇分の地点である。そして、後述するように、六人の男たちが顛覆作業をしている怪しい人影を目撃しなければ時間的にあわないことになるのである。

中村氏はこの疑惑を、日共愛媛県委員会で正式に問題化したことがある。いまになって「手口からみて松川事件そっくりなのは、その予行演習の感もあるが、ここでは日本の当局側が、幸いにも犯人デッチあげの能力に欠けていたといえよう」（県委員会元岡稔書記）と気づいたが、その当時は、県委員会も中村氏の疑問をあまり重要視しなかったようだ。

そして、疑惑はとけないまま現在にいたっている。ここで、大谷氏に直接登場してもらう必要がある。

鍵にぎるC−C元通訳

第二次調査班を組んで、ふたたび松山に到着したのは七月一四日であった。第一次調査を終えて四国を後にしてから三日目である。

その夜のうちに大谷氏を訪ねた。彼は階段を登っただけで、強度の疲労感をあらわしていた。話は中村氏があいだにたった。

「ＣＩＣは関係ありませんよ、あの事件には……」

われわれが口を切る前に、大谷氏はまずそういった。しばらく沈黙があった。すると、威勢のいい足音がして、大谷夫人が顔を出した。

「勝手にウチを訊問されるのは困ります。ウチは何も関係ないんですから。それに、ウチは病身でいま働けないんですよ。私が経済のことからなにからなにまで一切取りしきってるんですから、なんでも私が許可しなければ答えないことにしてますのよ」

まるで、立て板に水を流すとはこのことである。

「私は、満州で共産党にはひどい目にあいましたからね。かかわりあいになるのはごめんこうむります」

そういうと、夫人は階下に降りていった。しかし、夫人の出現は結果的にはよかった。大谷氏がわれわれを気の毒に思ったのか、当時のことをぼそぼそと語りはじめたからである。

——自分は松山CIC隊長ターケント大尉付き通訳だった。副官というのは別にいなかったが、キャパナ中尉という作戦将校がいた。

事件前日、CICがタイ網に行ったことは事実である。自分も一緒に今治沖四坂島付近に朝九時ごろから出かけた。これは米軍関係者も例年の行事にしていたから別に不思議はない。日本側から玉村国警隊長や警備関係者が行った。

通訳は私のほか二人。漁はあまりなく、船上で宴会をやって今治に帰ってきたのは夕方である。夜の八時ごろだったか、日本側警察とCICが帰ったが、私とターケント大尉、キャパナ中尉の三人だけ残った。翌朝九時半ごろ私たち三人が現場付近を通過しようとしたら事故がおこっているのを知った。

およそこのような話であった。

中村氏の話とは大分喰いちがいがある。中村氏の記憶では、「CICの一部は真夜中に帰った」といっているのに、われわれには「八時ごろ」と答えている。それを中村氏にただすと、「たしかに、あのときは真夜中といったはずだ。まちがいありません」というのだ。

その夜、われわれは作戦会議を開いた。

たとえ、米軍CICが事件とどのようなつながりがあったにせよ、これ以上のものは大谷氏から期待できまい。彼がもし重大な鍵を握っているとすれば、むしろそれを隠すにちがいない。米軍CICは、その機密にふれることはいかなる手段を駆使しても洩らさせまいとするだろう。そして、大谷氏自身、隊長付き通訳をやっていたといいながら、ほかの隊員や通訳にはまったく馴染みがない。したがって、日頃なにをやっているかは知るはずがない、つまり、CICの機構そのものが、機密が外へ洩れることを防ぐよう仕組まれているのだ。だから、CICを去ったからといって、かならずしもその人間はCICと完全に縁が切れたとは保証できないのである。いったん勤めた人間がそこをやめ、彼らに不利な機密を洩らしたとする。CICはその機密はどこから洩れていったか、だれが洩らしたか、ただちにつかむことができる。するとその人間の存在は邪魔になり、生命の保証さえできかねることも充分に想像できることだ。

われわれは、大谷氏の話しぶりから、なにか話したがらない事実を知っているのではないかと思った。だが、「CICは関係ない」と強調するあたり、別の事実を知っていたのかも知れない。その疑いを濃くしたのは、大谷夫人のわたしたちを辟易させたタンカである。そこには、当時のことにふれられたくない理由があったのではないだろうか。

大谷氏の言葉には事実との大きなくいちがいがある。彼によれば、彼とターケント大尉、キャパナ中尉の三人は今治市内の某旅館に泊り、翌朝一緒に事件現場を通過したはずである。しかし、当日朝、宿屋にいたはずのキャパナ中尉が、事件発生直後現場にあらわれているのである。

（二四・五・一〇『愛媛新聞』）

大谷氏は「CICの仕業ではない」と否定するが、一方では「先に松山に帰った通訳の名は？」という質問には「それは私の口からはいえない」と頑として語ろうとしない。

CICが事件に関係があったか、なかったかの鍵をにぎっているのは、いまとなってはそのときCICと行動をともにした二人の日本人通訳しかいないといえよう。だが、われわれは、それらの通訳を独自に探さなければならない破目になったのだ。

当時、松山市にいたCICは広島県呉市広にあった中国、四国管区司令部の出店で、本部は松山市梅津寺《ばいしんじ》の通称「石崎別邸」にあった。現在、松山地裁調停委員をしている石崎彦五郎氏の所有であるが、そこは眼下に梅津寺海水浴場がひらけ、三〇〇〇坪の敷地をもつ広大な屋敷である。しかも高浜港に近い。そこには海上保安庁の根城もある。「私は、CICがそこから海路事件現場へゆけるともにらんでいる」（中村氏）という推理はここからでてくる。

枕木に残る靴跡と留置場の奇怪な死

翌日、私たちは松川守る会松山支部へ行った。それは駅前労働会館にある松山地評のなかにあった。そこでも私たちが知りえた範囲以上の材料はなかった。一二年ものあいだ、いってみれば捜査当局が全力をあげて捜査しても、その尻尾すらつかむことができなかったのだ。われわれが僥倖を望むのは無理な話である。だが、そこで私たちは二人の人物を紹介されたのである。

一人は国鉄松山信号通信区に勤めていた萩山輝雄氏だった。現在、北条市議会議員と地元中学校PTA会長を兼務している。もう一人はある新聞記者とだけしるしておこう。二人とも予讃線事件に疑いを持ち、独自の調査をつづけているのだった。

萩山氏は事件当時北条駅の電気班につとめていた。その夜は宿直当番だった。五月八日は地元下難波の薬師大師のお祭りで賑わう。掛小屋が建ち、遅くまで飛び入り演芸が催される。彼は毎年得意の伊予漫才を踊るのを楽しみにしていたから、宿直にぶつかったことを嘆きながら職場に残った。

翌朝未明、彼は隣室の電話交換室のベルで仮睡をさまされた。事故発生を知らされたのである。まもなく、第一回救援列車に乗り現場へ急行した。

「あのカーブのところに、たしか果樹園の警戒番所があった。そこには、毎晩二人が詰めて、徹夜で見張っていたはずだ。それにもかかわらず、なぜ列車脱線がひきおこされたのだろう」

萩山氏の疑惑はまずここからはじまった。そして、当時の某刑事が、現場検証のとき日本人の靴跡とちがう軍靴の足跡があった、と妙なことを話してくれたことが、彼の疑いに拍車をかけた。

萩山氏の住む難波村は、いま北条市に合併しているが、事件がおこって以来、この一帯に刑事があらわれない日がないといっていいぐらい、執拗な聞きこみ捜査がくりひろげられていた。萩山氏にも、三〇年ごろまで前後六回聞きに来たという。そのうち刑事たちと顔なじみになったが、一方地元民は刑事の出没で、事件のかかわりあいになることを極度におそれた。

そのうち、刑事たちは姿をあらわさなくなったが、萩山氏は、時がたつにつれて当時第一線で活躍した捜査官の口から洩れたことをのがさず注目していた。その一つに、現場付近に米軍の靴跡らしいものが残っていた話があり、最近になって、容疑者であった一人の男が、今治刑務所内で自殺をしたという話を知ったのだ。

いったん宿にもどった私たちは、もう一人の人物、ある新聞記者と会うことができた。彼もまた、一二年すぎた今もなお機会を狙っては、当時の捜査官から状況を引き出している一人だった。

その一つに、現在、松山東署に勤務している某刑事（特に名を秘す）が、「実は現場にあった枕木に、米軍の軍靴跡がしるされてあった。その枕木は西署の倉庫に眠っているはずだ」と、大きな声ではいえないが、と前置きして洩らしてくれたというのである。

さらに、その刑事の話によって、事件直後、有力容疑者として逮捕された男が、今治署の留置場内で服毒自殺をしている事実があり、これも外部へは極秘にしていることも判明した。前にのべた萩山氏のいう今治刑務所の男は、この話がどこからか噂としてながれたものだろう。

「留置場内で服毒自殺がはたしてできることだろうか、と私は疑問をもちます。それ以上の調査は、ゆっくりとたえずつづけます」

といって、その記者は帰った。

「米軍の靴跡――それはゴム底だった」と、某刑事は語ったという。西署の倉庫の奥にひっそりといまも眠っているといわれる枕木に、靴跡がついているかどうかは門外不出の証拠品であるため、ついに確認することはできなかったが、それはともかくとして、自殺した容疑者の話とともあわせて、二つともこれまでどの新聞にも発表されなかった奇怪なニュースである。

捜査当局は、事件後百日を機会に、「捜査過程」を発表したが、そのなかにこの事実はふれられていない。当然であろう。

捜査当局は、靴跡のついた枕木を、米軍の靴跡とわかった瞬間から、倉庫の奥深くしまいこんで、国民ばかりでなく、自分たちの目もふさいだものと思われる。そしてそのときから、捜査は大きく狂いはじめたとみてよい。玉村隊長が意固地なほど〝強盗説〟に固執し、日共、労働関係の捜査を形式的にしかやらなかったのは、この新事実となんの関係もないだろうか。

「玉村隊長はこの捜査で失敗しているのに異例の出世をしている」という某刑事の疑問はここで結びついてくるのではないか。彼は「犯人デッチあげの能力に欠けていた」(前掲元岡書記)といわれるほど、無能な男ではなかった。それどころか、彼は前に書いたような捜査態度をとることによって、むしろ松川事件の玉川警視のように「確信過剰型」(松川事件差戻審判決)な捜査官といわれることをさけたのである。

枕木に米軍の軍靴跡――二四年当時は、占領軍が進駐してきて四年目で、日本人にとってはまだ珍しいときである。足の大きさもちがう。

では、靴跡の主は誰なのか。そして、留置場で服毒自殺した男との関係は？　彼はどうして劇薬を房内に持ちこんだのか――。すべてはいぜんとして謎である。

消えた警戒番所の線

その夜、私たちはふたたび大谷氏を訪ねた。昨夜は三人だったが、今夜は二人、感じもちがうだろうと期待した。さいわい昨夜私たちをヘキエキさせた大谷夫人は不在だった。

「聞き洩らしたことがあった」とだけつたえ、玄関先の〝訊問〟だった。だが、彼は昨夜同様、警戒の態度を変えなかった。

「先に帰ったCIC一行は、まっすぐ松山へ帰ったのですか」

「ほかの人たちのことはわかりません」

「当時のCIC本部は梅津寺にあったんでしょう」

「ええ、石崎別邸でしたね」

これは中村氏の話と一致していた。

「そのとき一緒に働いていた人は？」

「……いえませんね、私の口からは。だいたい、CICはあの事件に関係ありませんよ」

結果は、やはり昨夜以上の域を出なかった。そこで、大谷氏をこのまま正面から追及しても、おそらくなにも出まいと判断するしかなかった。だが、事件前夜、CIC幹部と日本の警備警察の幹部が一ヵ所に集まり、親しい時間をすごしたこと、それにCIC幹部の姓名を知っただけでも収穫と思わなければならなかった。

翌朝、七時半のバスに揺られて現場に向かった。朝とはいえ、太陽は海水を蒸発させてもろに照りつけた。島々をめぐる海は凪だった。われわれはバス停留所で麦藁帽を買ってかぶった。

やがて、自転車に乗った萩山氏が着いた。そこから徒歩で現場に向かった。私にとっては二度目の場所だったが、新しい情報をもってみる現場は、また異なった場所のように思えた。

萩山氏は、当時現場へ急行したときの模様を語りながら案内してくれた。問題の二人の男がいた山中の小道も、警戒番所のあったところも検分して歩いた。

彼は昨夜のうちに、警戒番所に当夜詰めていた二人の名前を調べて来ていた。池内光利氏と渡辺恒雄氏だった。

われわれはふたたびバスの停留所まで戻り、バスで二停留所の下難波で降りた。土ぼこりの直線道路を山へ向かって歩いた。二キロはあるだろう。その途中、一軒家の前で萩山氏が自転車で追いついた。

「ここが事件前夜、土蔵破りに襲われた精米所です。ここの主人はかわりましたが、いまの経営者が、以前住んでいた隣りの倉庫で、犬クギを抜くときに使用したとみられるスパナと丸太棒が盗まれたのです」

私たちが精米所へ入ってゆくと、三四、五歳の婦人が出てきた。精米所は粗末な土壁が低い天井をささえていた。ここで使用していたスパナが盗まれ、現場付近から発見された遺留品と一致したのである。

「そうじゃった。二番目の子が生まれたときのことじゃった。あの晩は、歯がいとうて、いとうて一晩中眠れんかったわいねえ。夜明けに近いときじゃったね、ギシギシと変な音がするんでのう、とうちゃん、いってみいなといったんじゃ……」

その婦人、渡部君千恵さんは記憶をたぐりながら、不気味な夜のことを物語るのである。

そこから、私たちは警戒小屋の二人に会うためにハイヤーを呼んだ。

池内氏は稲の手入れに行っていて不在だった。が、留守居の夫人を強引にハイヤーに乗せ、心当りの田を探した。ようやく探しあてたとき、私たちは失望しなければならなかった。

「ああ、あの番所があったのはその年の春まででしたね。事件のときはなかったです」

泥田に立った池内氏の表情に嘘は感じられなかった。もしも、当時番所があり、池内氏でも見張っていたとしたら、有力な手がかりがつかめないともかぎらない。事実そうであったら警察でも見逃すはずはない。私たちは彼の言葉を信用した。が、念のためということがある。無駄かも知れないと自分にいいきかせながら、渡辺氏を訪ねた。

話は同じだった。彼は戦前、特高警察官だったが、戦後自警団員になり、番所が廃止になったあと自衛隊に入り、いまは農業にもどっているという。二人の話が一致したので、警戒番所の線は放棄しなければならなくなってしまった。

帰り道、もうもうと砂塵が立ちこめる道を自動車が走った。六〇キロのスピードでとばせば、ジープなら三、四〇分で松山と現場を結ぶことができよう、そう思いながら松山市内に入っていった。

石垣は何かを知っている！

ここで調査は当時松山CICの通訳をしていた、大谷氏以外の数人を追及することにもどった。一人は「大阪の住友」にいるとしかわからない。昨夜大谷氏を訪ねたとき「金属ですか」とカマをかけたところ「ちがう、商事だ」と手がかりを教えてくれたのだ。

翌一七日、私たちは当時のCIC通訳を洗い出すことに焦点をしぼった。米軍に勤務する通訳が県の渉外課の所管だったことをわれわれはうかつにも忘れていた。当時、渉外課につとめていた人たちをまず探し出し、彼らの記憶を総合してゆけば、ある程度の手がかりはつかめる、という点に気がついたのだ。

一二年前の話だ、むろん人事はかわっている。第一渉外課という窓口は占領軍が引揚げてからは消滅したはずだ。だが、当時渉外課にいた一人にでも会えば、芋づる式にわかるだろうと期待した。この狙いは的中した。当時、渉外課長をしていた人がわかったのだ。

松山商大教授大野武之助氏である。

このほか、商大講師の二神春夫氏と山本謙一氏が当時CICの通訳をしていたらしいことが判明した。だが、山本氏は東京の青山学院大に転任していた。二神氏はほん訳をしていたらしいが、私たちが訪ねていったことを歓迎しない様子だった。もう一人、高橋某というのがいたが、これはあまり英語が堪能でなく、ヤクザめいたところがあり、米軍は迷惑していたという。

大野氏は暑中休暇で自宅にいた。

「松山では占領軍のうち、一番最後まで残ったのがCICだった。CICのターケント隊長は涙もろい人で、すぐ〝君らにたいして済まん〟と泣く人だった。彼は自分が孤児だったせいか、高橋某も孤児というのを聞いてずい分面倒をみていたようだったが、高橋はCIC通訳といって日本人をおどかしたことがあった。日本人通訳といえば、大谷さんと山本さんぐらいじゃなかったか」

私たちは「大阪の住友」へ行っているという某氏と、高橋某の存在に関心を抱いた。が、高橋某の行方の手がかりは皆目つかめなかった。われわれは急拠大阪へとばなければならなくなった。

その前に、当時CICの本拠だった梅津寺の石崎別邸を訪ねた。

敷地三〇〇〇坪という宏大な屋敷は、丸善石油の寮になっていた。眼下に梅津寺海水浴場がひらけ、そのあいだを、丘一つ越えた高浜港に通じる高浜街道の舗装道路が熱気をおびて、陽炎が揺れていた。

主人の石崎彦五郎氏は留守で、恒子夫人が応接してくれた。

「終戦後、うちは広かったせいもあってCICの方たちがよくみえました。当時は本部が松山市内の図書館にあって、うちには女性を同伴して遊びに来る程度でしたね。そのときの隊長は准尉くらいの人でしたがいい人でしたよ。ところが二一年九月ごろでした。突然本部にするから屋敷をあけろと命令が下ったのです。裁判所の検事正の方や引揚者の厚生会の人が同居していたのですが、その人たちを追っ払って私たちだけを残し、CICが入ってきました。そこで引揚者を調べはじめたのです。はじめは四人ぐらいでしたかね。タトケントさんやキャパナさんはあまり交際はしない人でした。写真ですか？　さあ、とりませんでしたね」

せめて写真でも入手できればと思ったが、予想どおりの結果だった。

「親戚の娘さんをメードに使っていたが、私たち同様口を利かなかった」

さすが、私生活においてすら、後々の手がかりを何らつかませない点では敬服にあたいする行動であった。

この屋敷の石垣は、きっとなにかの真実を知っているのではないか——そう思うと背筋が寒くなるような不気味さが屋敷全体からただようのだった。

一方、東京から、青山学院に勤めている山本謙一氏に会ったところ、事件のおこった年の春CICを辞めたこと、われわれが知っている程度のCIC幹部の姓名を明かしたほかは、通訳の姓名すらも頑として口を割らなかったという報告が届いた。残るのは「大阪の住友」であった。

通訳の線も切れた

大阪に着いたのは夜九時四五分。宇野発一八時三五分の準急〝鷲羽〟三号電車である。宇野を出てまもなく、夕景の岡山平野にさしかかるとき、私たちは例の奇怪な男に気づいたのだった。大阪で、男も後から降りてきた。私たちは梅田でタクシーをひろい、同じ街を幾度もまわった。

翌日、昼休み時を狙って住友商事を訪ねた。正面から人事課に行くよりも労組にたのんでみようということになった。あくまで人探しの線としてである。

「私たちが協力して、たとえば探す人をみつけてあげるとしますよ。そうしたら、その人が不利になったり、つごう悪い話ではないでしょうか」

けっきょく、組合ではらちが明かず、直接受付に某氏の名をぶつけることにした。出たら目な課名をいってもいい。松山から、かつて英語の個人指導をしてもらっていた者が、たしかここの貿易課にいると聞いていたので久しぶりに会いたいという筋書である。

このアイデアは功を奏した。受付は人事課に問い合わせ、手持ちの社員名簿をみせてくれた。

だが、住友商事の名簿には某氏の名はのっていなかった。よそへ行ってしまっているのだろうか。それとも名がかわってしまったのか。いずれにしても、そこで某氏の行方はプツンと糸が切れたようにたたれてしまったのだ。

残された証拠品は語る

松川事件でも、レール破壊作業にハンマー様のものが使用されたことは、差戻審判決が指摘している。予讃線事件でもハンマーが使用されたことは、事件発生から百日目に捜査当局が発表した「捜査過程」にも暗示している。

「捜査過程」は、現場に残された、犬クギの頭をたたくさいに、音響防止に使用したと思われるスフ製のタオルの破片やその附着物にふれている。

1、タオルは今治、または八幡浜産で、二三年六月ごろ一般家庭用として配給されたものと同質。

2、附着した汗から鑑定の結果、所持者の血液型はA型。

3、附着物分析の結果、頭髪用ポマード一・六グラム程度が検出され、ポマードの香料はバナナエッセンスである。このポマードの生産業者は松山市内で二ヵ所発見された。

これからいえることは、犯人は手拭を頭にかぶる習性をもつ日本人であったと考えてまちがいないだろう。日本人の血液型にはA型が多いことも、その一つの資料になるはずである。

ここで、さきにのべた留置場の自殺者と、川端氏が会ったという鳥打帽、黒ゲートルの二人連れを思い出していただきたい。彼らは一見土木工事に従事している風ていの男たちであった。ツギ目板をはずしたり、犬クギをぬいたりしたのは、あるいは彼らだったのではないだろうか。

留置場で「服毒自殺」をした男の死は、はたして自殺なのか。もし自殺とすれば監禁されている者が、どうやってその劇薬を入手することができたのだろうか。自白するのを恐れた何者かが、劇薬と知らさずにひそかに飲ませた、とみるのはあまりにも推理小説的なうがちすぎであろうか。

帝銀事件のさいに使用された劇薬は、青酸カリ様のものであって、青酸カリではなかった。これは、後の調査に待つよりしかたがないが、私はこの男に飲ませた劇薬も、帝銀事件で使用された毒物であったと思っている。これは推理にすぎないことではあるが、決して真相からかけ離れてはいないはずである。

現場に残された丸太棒について、松山保線区で働く渡辺博氏は、つぎのようにいっている。

「丸太棒が犯行に使われたといわれるがすこぶるあやしい。レールが七五ミリずれているところからそう判断したのだろうが、人力でレールを曲げるなどできる芸当ではない。カーブの継目部分が離れていた場合、レールは外軌へむかって伸びる。多分、脱線のさい曲がったものだろう」

また、モンキースパナや自在スパナでレール取りはずしができないことは、松川事件の検証で実証ずみである。これは後でのべる。

つまり、丸太棒やモンキースパナは、偽装のために、精米所から盗んできて現場に遺棄したとみるのである。

ところで枕木の靴跡はどう理解したらいいか。米兵士――キャパナ中尉とは断定しない――が監視して、作業をおこなわせたのではないだろうか。そのときに、高橋氏ら通訳も利用されたであろう。高橋氏は、CICから捨てぶちをもらっていた形跡もある（中村氏）。

そのさい、各要所でピケを張っていたのが、宴会から先に帰ったCIC要員たちであったと想像することはかならずしも不可能ではない。今治でCICが、日本の警備警察の幹部たちと宴会をひらいたのは、一種のアリバイ工作であったし、犯行の偽装であったと理解できる。

しかも、庭坂事件も、予讃線事件も、事件は迷宮入りに終わらせることが、犯行立案者の計画であったはずである。たとえ、米軍の靴跡が現場に残されていたとしても、絶大な権力を持っていた米軍にすれば、犯人をデッチあげることは、かならずしも不可能なことではなかったからである。その点、松山ＣＩＣでは、玉村隊長の処置にたいして、満足していたにちがいない。庭坂事件が、第一の布石とすれば、第二の布石にあたる予讃線事件は、たとえ迷宮入りの事件に終わっても、後に続く謀略事件のための捨て石として、十分に生きてくるからである。

第三章　現　場

真犯人〝割り出し〟への布石

松川事件の真犯人を追及したものでは、すでに松本清張氏の労作「推理・松川事件」（『日本の黒い霧』Ⅲ所収）がある。真犯人を指向するもので、断片的に発表されたものは、その数からいえば決して少なくはないが、現在のところ、まとまって公表されたものとしては唯一のものであるといっていいであろう。

「現代史家の認識能力が推理小説作家に及ばないとは情ない。歴史家が『日本の黒い霧』に匹敵する現代史を描きえなかったのは、名誉ではあるまい。現代史家はすべからく裁判における事実認定の方法を学び、官憲によってかくされてしまった松川事件の真相について、独自の捜査をこころみる必要があると思う」（家永三郎「松川判決と今後の課題」『歴史評論』一九六一年九月号）

という、氏の著作にたいする評価に待つまでもなく、松本清張氏は、その独自の鋭い推理によって、松川事件はアメリカ軍の謀略によってひきおこされた、下山事件につながる一連の事件の一つであると指摘するのである。
結論からさきにいえば、筆者もまた、さきにのべた庭坂、予讃線の両事件の布石から発展して松川事件がとどめの一石として打たれたアメリカ軍による一連の謀略事件であると信じている一人である。
八月八日に仙台高等裁判所において、門田実裁判長によって、「本件列車脱線顚覆が人為的事故であることは明らかで、問題は被告らが犯人かどうかである。この直接の決め手となる証拠は自白のみ。（中略）
赤間自白なくしては、松川事件は存在しない。その赤間自身のアリバイが、新証拠の出現により、いまや、成立の蓋然性が甚だ高いのである。本田アリバイの成立は全く決定的、高橋アリバイ成立の蓋然性も甚だ高い。佐藤一アリバイの成立は決定的、鈴木アリバイの成立もまた決定的である。
かくして、謀議関係についてはもとより、実行行為自体について、合理的な疑いが極めて深い。松川事件の根幹は大きく揺らいだのである」（判決主文および理由の要旨）
として、鈴木信被告外一六名に全員無罪の判決をいいわたされた現在、（※編集部注・一九六一年八月、被告全員に無罪判決が出た）あらたに発見された資料もあわせて整理し、真犯人を追及する時期にあるのではないかと思うのである。
「松川事件がいかに容易ならぬ難事件であるかは、上告審で七対五に意見がわかれて、破棄差戻しとなった事実自体が、よく物語っている。その証拠関係は、膨大で、かつ錯雑多岐を極めたマンモス事件なのである」（判決主文および理由の要旨）

このような「容易ならぬ難事件」について、真犯人を指向する貴重な資料が、故意に、あるいは偶然に消滅させられているいまとなっては、残された数少ない資料から、真犯人を指摘することはほとんど不可能に近い。到底筆者の任に耐えるものでないことはいうまでもない。そして、それは予讃線、庭坂事件と稿をつづけるにしたがって、ひしひしと感じさせられたものである。しかし、せめて資料を整理して、真犯人追及のための資料になればと思うのである。

事件の発端と捜査の意図

まず、事件の発端と捜査の経過からのべよう。〝十三階段への道〟を歴史にとどめたヒットラーは『マイン・カンプ（わが闘争）』のなかで、「大衆は、心の底では意識的に故意に悪人になるというよりも、どちらかといえば他から堕落させられやすいものである。だから小さなウソより、大きなウソに引っかかる。それというのも、大衆は時として小さなことにウソはつくが、大きなウソをつくほど厚かましくないからである」といっているように、私たちは小さなウソはすぐ見破ることができるが、大きなウソになると、たやすくウソであることを信じようとしないものである。

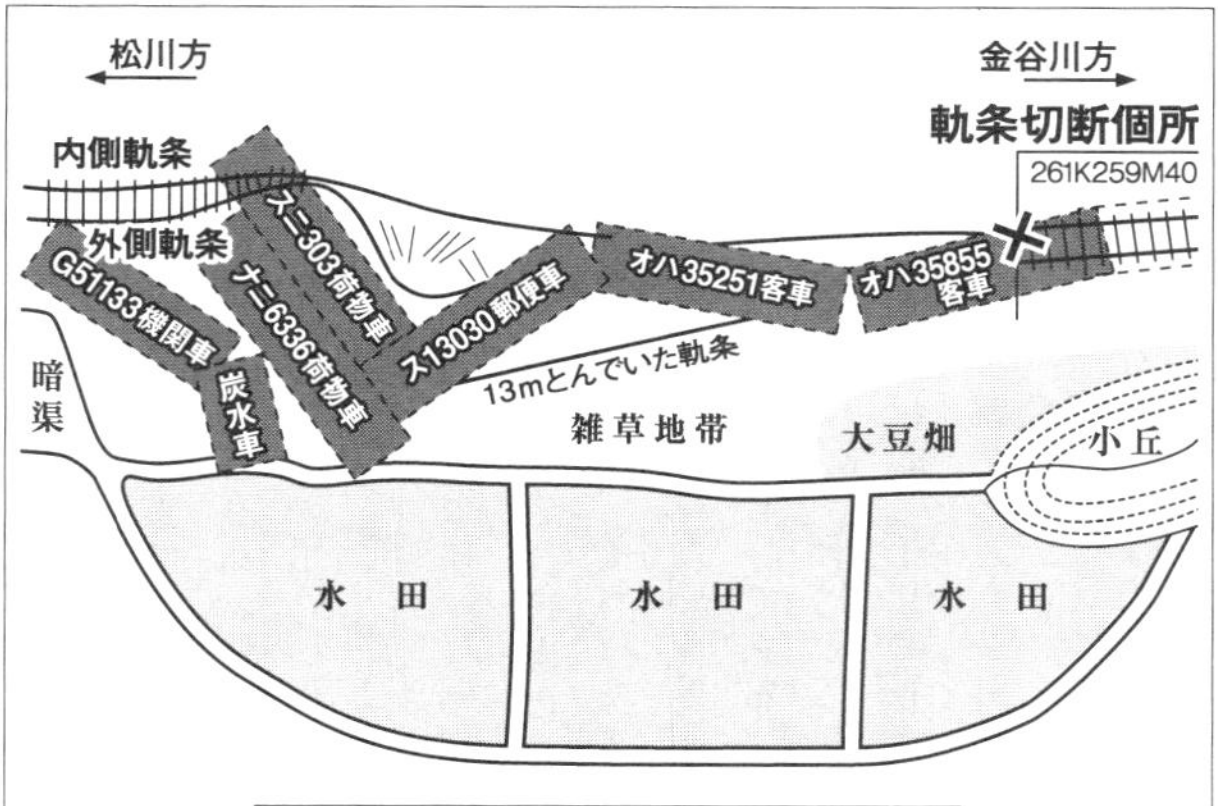

列車脱線転覆状況見取図

そこで、叙述が筆者の主観に流れるのをさけるために、そしてまた読者からの誤解をうけることをさけるために、事件の発端を広津和郎氏の文章に、捜査の経過については「差戻後の第二審判決」によることにする。

「福島駅を定時に発車した四一二号旅客列車が、八月十七日午前三時九分、金谷川・松川間のカーヴ（東京の北方二六一粁二五九米付近）にさしかかった際、先頭の機関車が脱線顚覆し、続く数車輛も脱線し、機関車に乗っていた機関士石田正三ほか二名が惨死した。現場視察によるとレールのツギメ板がはずされ、枕木の犬釘が抜かれ、長さ二五米、重さ二五瓩もある一本のレールは、線路から一三米も離れたところまで飛んだものか、何の破損もなく真直ぐの形のまま、あたかも搬ばれてそこに置かれたように地面の上に横たわっていた。犬釘をはずすために普通に使われるバールが一本、付近の稲田の中から発見された。続いて全長二四糎に過ぎない自在スパナも一個発見されたと言って捜査当局から持出された。捜査当局側の主張によると、その自在スパナは、バール同様稲田中から発見されたということであるが、不思議なことに誰が発見したのか発見者はついに解らないというのである。

下山事件、三鷹事件に続いて、三度国鉄にこの戦慄すべき椿事が起ったので、これらの事件の裏側に、何か恐ろしい計画的な意図が隠されているのではないかという不安を国民は感じた。翌十八日、吉田内閣の増田甲子七官房長官が新聞記者に向って発表した談話は、一層油をそそいだ。それは次ぎのような談話であった。

『今回の事件は今までにない兇悪犯罪である。三鷹事件をはじめ、その他の各種事件と思想的底流に於いて同じものである』

後になって考えれば、十七日に事故が起った翌日の十八日では、特に何かの予断を持たない限り、現場でもまだ五里霧中で何者がかかる犯罪を行ったかの見当がついていた筈がないし、従って現場から二六一粁余離れた東京の吉田内閣に、事故の真相が解る筈がないから、内閣の重要な地位にいる官房長官がそういう談話を発表したということが、いかに軽率で乱暴であるかということに思い当るが、当時においては、筆者なども迂闊に増田官房長官の談話を信じ、それを思想的犯罪と思い込まされたものであった。それには六月半ば以来の列車妨害の新聞報道や、下山、三鷹と続いた事件についての宣伝が、いつかわれわれの心に、増田官房長官の談話をそのまま鵜呑みにさせる下地を作っていたのである。筆者と同じように、国鉄労働組合や共産党は、何というあさはかなことをするものだと当時眉をひそめた国民も少くなかったことであろうと思う。

捜査当局は事件後間もなく、福島及び松川付近のいわゆる不良少年たちを洗い始めたが、しかしその捜査の目標が国鉄福島労組の幹部や共産党員に向けられていたことが、事件後、二、三日目からの福島の諸新聞に現われている。そして間もなく東芝松川労組の幹部にもその目標が拡げられて行ったことが報じられている。

ところが事件から二十四日後の九月十日に最初に逮捕されたのは、労組幹部でも共産党員でもない、例の定員法で馘首された当時十九歳の赤間勝美という少年線路工手であった。傷害容疑という名義で前年友達と喧嘩をしたという廉であったが、それは名義だけですぐ松川事件について調べられた。

それから一週間ほどして東芝側からは窃盗容疑という名義で、菊地武という十八歳の少年が逮捕されたが、同じく労組幹部でも共産党員でもなかったことが注目に値する。その窃盗容疑というのは、工事で配給の煙草を盗んだという他愛のないことであったが、そのことは嘘であることが直ぐわかった。しかし帰されずに、松川事件のことを調べられ始めたが、偶然にも盲腸炎になったので釈放された。こういう労組の幹部でもなく、共産党員でもない少年達を捕えて、それから労組幹部や共産党員の方へ逮捕の網を拡げて行こうという魂胆であったことが、この事件を考えると明瞭である」(広津和郎『松川裁判』)

作意の構成――「赤間調書」

赤間が列車顚覆について、最初の自白をしたのは、逮捕九日後の一八日である。安藤、飯島という「脛に傷もつチンピラ不良が一度警察で己の難を免れるために」つくられた「赤間予言」から逮捕された赤間は、「『赤間予言』を認めてから一〇日間もかかり、しかも『赤間ミナの警察調書』という仮面をかぶった人情の機微をつく最後の切札が漸く自白するに至ったのである」

赤間は「俺はいくら無実でも、共産党の組合幹部が赤間がやっているというのでは助からない、一番よく俺のアリバイを知っているお婆ちゃんまで、その晩勝美が帰らないといっているのでは、もう助かりっこはない、という孤独的絶望感、こうなった以上は、せめて死刑だけは免れたい、という追いつめられた絶体絶命感、さらには刑が軽くなるという暗示による藁をも摑む卑屈感、こうした心情によって裏打ちされた赤間の『あるいは、自己の経験しないことについて、ただひたすら、取調官の意に副うような供述をすることによるのではないかとの疑いさえある』」状況でつくられたものであった。

「赤間は九月一八日午後から夜にかけて、最初の自白をしたのであり、その調書は翌一九日に作成された。それが9・19玉川調書である。そうして、武田部長が朝から赤間自白コースを実地調査のため部下二人と出かけ夕方暗くなりかける頃帰ってきたのは、一九日であるとみられる公算が極めて強い（中略）。その翌二〇日の午後六時頃には玉川警視が山本主任検事をさしおいて、自ら直接検事正官舎に乗り込んで、松川事件の被疑者ら判明の報告に及んだのである（山本証人は玉川警視が自分をさしおいて直接検事正に報告した理由はわからない旨証言している）。その席へ山本検事が電話で検事正から呼ばれて、両人から松川事件の犯人がわかったと簡単に説明があって、玉川警視作成の赤間自白調書を見せられ、同検事は関係者も多く重大事件なので、赤間自白の真実性を確める必要を感じ、検事正と共に福島地区署へ行って、山本検事自ら赤間を取調べて事件の全貌を聞いて心証を得たというのである。かく、玉川警視が山本主任検事を出しぬいて直接検事正官舎へ報告に馳せ付けたほどである以上、当然赤間自白コースを実地調査すると共に、赤間の知らないという松川の者二人の氏名をとにかく判明させておいた上で報告に赴いたものとみるのが捜査常識上当然であろう。玉川警視ともあろうベテランが重要な松川の者二人の氏名を明らかにしないで（これが不明では画龍点睛をかくどころの話ではなく、報告そのものの意味がない）、検事正官舎へ松川事件の『犯人判明』と高らかに注進に及べる筈がないからである。

二〇日までにできている赤間の供述調書は、9・19玉川調書と9・20玉川調書だけであって、もとより松川から来た二名の者につき、赤間に写真を示してこれを指摘特定させせた旨の供述記載はないのである。ここに、玉川警視が検事正のところへ持参した文書中には赤間の供述調書のほかに、当然『9・19武田報告書』のあったことを強く疑わざるを得ない理由が存するのである。『9・19武田報告書』の主眼とする目的が何であるかは既に述べたとおりで、その性質及び記載内容は、まさに、玉川警視がこれを持参する目的にピッタリ合致しているからである。（中略）九月一九日は武田部長は朝から暗くなりかけるまで赤間自白コースの実地調査に出かけ、帰った後、玉川警視と共に前記写真を検討し、その結果、後記のようにそれまでの見込み構想に一部変更の必要を生じ、玉川警視の命により、右の新見込み構想に基いて、同日『9・19武田報告書』を作成したものとみられるのである。（中略）いかに確信過剰型の玉川警視と雖も、一九日に入手した写真を検討し、できれば赤間の最初の自白と写真とを一致させた上で、その写真をも持参して、検事正官舎に注進に馳せ付けたかったことはヤマヤマであったであろう。ところが、写真を検討してみると、9・19玉川調書で述べられてある松川の者二人の人相は、写真に出ている現実の人相と齟齬をきたしたのである。先にも述べたように、9・19玉川調書で述べられている松川の者二人の人相、言葉、持物等は、9・21玉川調書で、写真を示すことにより、全く逆転一変してしまっているのである。抜け駈け的に検事正官舎に馳せ付けた玉川警視が、このような矛盾した内容の供述調書を作成して、9・19玉川調書と共に検事正のところへ持参する筈がない。そこで、玉川警視は事実上は二〇日に写真を赤間に示しはした

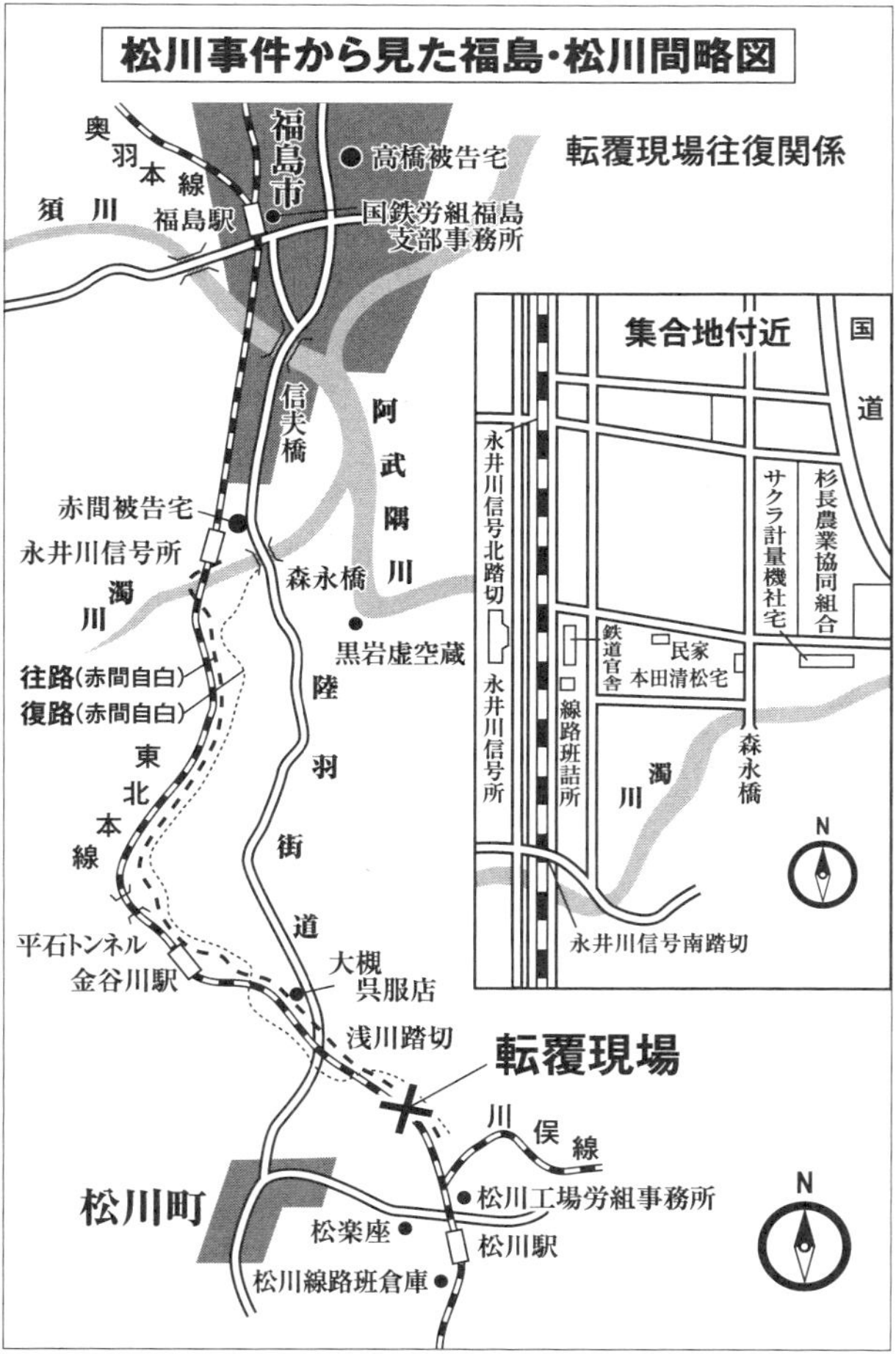
松川事件から見た福島・松川間略図
転覆現場往復関係
福島市
高橋被告宅
奥羽本線
須川
福島駅
国鉄労組福島支部事務所
信夫橋
阿武隈川
赤間被告宅
永井川信号所
濁川
森永橋
黒岩虚空蔵
往路(赤間自白)
復路(赤間自白)
陸羽街道
東北本線
平石トンネル
金谷川駅
大槻呉服店
浅川踏切
転覆現場
川俣線
松川町
松川工場労組事務所
松楽座
松川駅
松川線路班倉庫
N
集合地付近
国道
永井川信号北踏切
サクラ計量機社宅
杉長農業協同組合
鉄道官舎
民家
本田清松宅
永井川信号所
線路班詰所
濁川
森永橋
永井川信号南踏切
N

が、齟齬をきたしたので、その際は調書をとらず、（中略）9・20玉川調書では、松川の者二人は東芝労組の者らしい趣旨の供述になって、その日の夕方検事正に松川事件の『犯人判明』を報告した時は、『9・19武田報告書』を持参し、赤間の供述調書にある松川の者二人とは東芝労組員で、赤間の供述する人相等から内偵の結果、『9・19武田報告書』にあるとおり、その二人は佐藤一、浜崎の両名に間違いない旨の報告をしたものと推測されるのであり、それが真相に合するものとみられる。（中略）

捜査当局が本件を国鉄福島労組と東芝松川労組との共謀による犯行ではないかとの疑をもって捜査していた事実は、『9・19武田報告書』自体がこれを明瞭に物語っていることを指摘するだけで十分であろう。曰く、『犯行当夜は松川東芝工場で一七日よりスト決行について組合大会もあり、外部団体として国鉄労組支部並びに他の共産党員とみられる者が応援に来ていたという風評もあり、その者の氏名及び当夜の会合もあったらしいが、その謀議の内容も判明するに至らず、国鉄支部との出入関係もあるので、その点も重要視して捜査した』と」（中略）

想像による暗示

「ところで、当審に提出された新証拠の捜査復命書を全体的に検討してみると、佐藤代治に対し相当根強い嫌疑がかけられており、捜査当局の脳裡に最も強くマークされた人物の一人であることは十分窺われるところである。そうして、捜査当局にとって佐藤代治は二、三年前より党活動も活発で、土地の者であるから、その面長な人相等も比較的よくわかっていたものとみられる。これに反し、佐藤一は本件事故の発生する僅か五日ほど前に本部からオルグとして臨時に馘首反対スト斗争指導のため派遣された人物で、既に八月二六日には本部に帰ってしまったものであるからその氏名には注目していても、その氏名に人相までが直ちに結びつくほどではなかったものとみるのが自然である。

おそらく、玉川警視が赤間から最初の自白を得た九月一八日には、「松川からきた二人」は佐藤代治と佐藤一が同警視の脳裡に描かれていたのではなかろうか。けだし、浜崎は土地の者でその人相、年齢（丸顔、二〇歳）等はおよそ捜査当局にわかっていた筈であるから、9・19玉川調書に『年齢三十二、三歳位で、面長で長髪、地方弁』なる人物として登場してくる筈がなく、右に該当する人物としては佐藤代治（面長、二四歳だが老けてみえる）がまさにピッタリ当てはまるからである。そうして、佐藤代治は地方弁で、佐藤一は都会弁（ちなみに、武井義継9・30三笠調書では佐藤一が東京弁を使う旨供述されている）と考えるのは当然であり、本部からスト指導のため派遣されたオルグに軽い自在スパナを持たせるのが自然であろう。即ち、9・19玉川調書で、『一人は年齢三十二、三歳位で、面長で、長髪で油をつけ、国防色シャツ、地方弁で、バールを所持し、もう一人は年齢二十一歳位、丸顔で髪は漸く分けられる程度、白のワイシャツ、自在スパナを持っていて、都会弁であった』旨の供述記載となっている所以である。

ところが、渡辺堅巡査部長が一九日に入手した写真を、玉川警視が検討してみると、本部から派遣されてきた佐藤一は面長であることが判明した。（他方、佐藤代治も当夜東芝寮に泊ったのが真実らしいことが判った）。そこで、面長、地方弁、バール所持の人物が丸顔、地方弁、バール所持の人物と入れ替り、丸顔、都会弁、自在スパナ所持の人物が面長、都会弁、自在スパナ所持の人物と訂正される。即ち、写真を示したことになっている9・21玉川調書で、『一人は丈五尺三寸前後、長い髪で、キチッとポマードをつけ、七三に分け、丸顔で、国防色の開襟シャツ、バールを持って、地方の言葉、もう一人は丈五尺三寸前後、頭髪は短くボサボサで漸く分けられる程度、顔は面長で、白のワイシャツ、黒いようなズボン、スパナ（イギリス）を持っていてキレイな都会弁であった』旨の供述記載に逆転し、年齢の点は全部削られてしまった所以である。

斯くして、面長の佐藤代治が丸顔の浜崎と入れ替ったという筋書が推測されるのである」

捜査官の想像による暗示によってできあがった自白調書は、あらゆるところでその矛盾を露呈しているのであるが、その一つに、「きれいな都会弁」を使ったはずの佐藤一にじつは地方弁のナマリがあったことがあげられる。判決文ではそれをつぎのようにいっている。

「現実には佐藤一がむしろ地方弁のナマリがあり、浜崎が却って標準語に近い都会弁であった」と。

　この一つの矛盾を例にとるだけで充分であろう。もとより、判決文はこうした矛盾をかぎりなく列挙しているのであるが、そのすべてを引用することは長きに失するおそれもあり、いたずらに混乱をまねくだけであろう。だが、こうした取り調べにたいして、捜査当局は、たんに松川事件の被告にたいしてだけでなく、国民にたいして何と弁解するのであろうか。事実、それは、菅生事件、白鳥事件などという公安事件だけではなく、丸正事件（静岡県における丸正運送店の女主人強殺事件）、八海事件などの一般犯罪においてもおこなわれていたことが、いまや明らかになっている。そして、それらは氷山の一角として陽の目にさらされたといってもいいすぎではないのである。治安当局者が法廷において偽証をし、法を無視して、国民に遵法を強いる矛盾に、当局者はなんと答えるのであろうか。

デッチあげの起点

　ともあれ、赤間自白が、捜査当局のデッチあげである情況証拠として、判決文は赤間の証人訊問の光景を描写する。

「一九歳のチンピラ赤間が、裁判長の度重なる注意、制止にもめげず、証人台に立った捜査のベテラン玉川警視と武田巡査部長に対し、敢然と、反対訊問を執拗に繰り返し、さすがのベテランが問いつめられて、タジタジとなり、或は遁辞的証言をし、或は矛盾した証言をして、その表面的否定にも拘らず、随時随所に、赤間弁解の真実であることの片鱗を証言せざるを得ない羽目に陥っているのは、それこそ決して只事ではない。真実の力強さを想わせる光景であるとしか考え難い」

事実、「松川事件捜査の事実上の中心的指導人物玉川警視の、いわば確信過剰型ともいうべき、この余りにも偏した確信をもって貫かれている見込み捜査と、強力な確信的取調べぶり」からできあがった赤間自白によって、現被告は続々といもづる式に逮捕されていくのである。

すなわち、「九月二二日鈴木、二宮、阿部、本田、高橋の国鉄側五被告および佐藤一、浜崎の東芝側二被告が検挙された。一〇月二日浜崎が自白するや、同月四日杉浦、太田、佐藤代治、大内、小林の東芝側五被告が検挙された（東芝の菊地は別に検挙されたが、病気で釈放され、同月八日本件容疑で再逮捕）。同月五日大内、同月六日小林、ついで同月一五日菊地、さらに同月一六日太田が各自白して、同月一七日二階堂武夫、二階堂園子の東芝二被告、同月二一日武田、斉藤、岡田、加藤の国鉄側四被告が相ついで検挙された。一一月四日には加藤が自認、同月六日には二階堂園子が自白するに至った」

「かくて、捜査を遂げた検察官は、本件を当時国鉄予算の増額要求、人員整理反対の運動を展開していた国鉄労組福島支部、同分会が、折柄、馘首反対闘争中の東芝松川労組に働きかけ、同労組もこれに応じて立ち、国鉄側前記一〇名と東芝側の一〇名が、国鉄側のみの謀議、国鉄側と東芝側との連絡謀議、東芝側のみの謀議というように順次共謀し、役割を定め、アリバイ工作をし、松川線路班倉庫からバール、スパナを持ち出し、これを使用して前記地点の線路継目板を取り外し、犬釘、チョック等を抜き取ったことによるものであるとして、一〇月一三日から一二月一日まで五回に亘って前記二〇名を、汽車顚覆致死罪で順次起訴した」のである。

検察官の主張によれば、「右順次共謀は、被告の二名ないし八名が、昭和二四年八月一二日から一六日までの間一二回に亘って、国鉄労組支部事務所、東芝松川労組事務所、八坂寮等で、列車脱線顚覆に関し謀議を重ねたものであること、バール、スパナを線路班倉庫から持ち出したのは、小林、大内、菊地の三被告であること、一七日未明現場に赴いて線路破壊作業を実行したのは、福島から赤間、本田、高橋三被告、松川から佐藤一、浜崎二被告が現場で落ち合って、なしたものであること、佐藤一、浜崎両被告が右実行に赴いた際その夜東芝松川労組事務所に泊り、アリバイ偽装をしたのは、両二階堂被告である」ということとなのだ。

ここで、浜崎、太田自白がどうしてなされたかをのべるべきかも知れない。だが、それは、赤間自白の例だけで足りると思う。「赤間自白は、自白の系譜からみれば、まさにアダム・イヴである。赤間自白なくしては、松川事件をかたちづくる総ての自白は生れてこなかったであろう」からである。

そして、この事件の捜査の経過については、一二年後の今日になってもまた、裁判官をして「慄然」とさせずにはおかないものがある。

「現に、玉川証人自身、赤間は写真を見ただけではわからないといったという事実を認めているのである。それにも拘らず、その二人を佐藤一、浜崎と特定して逮捕している。もう一つは、実に、新証拠『9・19武田報告書』の出現である。

この『9・19武田報告書』は、当差戻審の審理も終りに近づいた昭和三五年一二月六日検察官から本件捜査段階における参考人の供述調書等二二六通、捜査報告書三九五通の厖大な書面の取調請求があったその捜査報告書中の一通なのである。裁判所はその採否を決するため、それら書面の提示を求めて、真剣に検討中、この重要な捜査報告書を発見し、本田アリバイ、鈴木アリバイ、佐藤一アリバイの決定的証拠や、赤間アリバイ、高橋アリバイの強い証拠等を発見した時とは異る驚きをもって精査し、師走の夜半の肌寒さにもまして慄然としたのである」

さらに、判決は次のようにいっている。「そもそも、当時国鉄側では人員整理反対闘争を展開し、東芝側でも馘首反対スト決行の闘争中だったとはいえ、列車の脱線顚覆という東芝側にはおよそ縁のない特殊犯行で、国鉄労組とが、とかく簡単唐突に結びつくということ自体既に異常ではないだろうか。犯罪の不合理性だけからは割り切れないものを感じさせる」と。(この章中、広津和郎氏の『松川裁判』から引用した以外のかっこ内はすべて、差戻後の第二審判決からの引用抜粋である)

第四章　不在証明

事故前から現場にいた？

「赤間が自白して後九月二一日に保原地区署に移されてからの約七〇日間の同署における処遇が極めて異例なものであったことは証拠上明らかな事実である。赤間自身『まるで夢のような生活だった』と述懐しているほどである。当時の食糧事情にも拘わらず食事は二人分近く支給され、天ぷら、果物も与えられたこと、煙草は殆んど赤間の欲するままに与えられ、酒さえ与えられたことが一回あること、ピンポン、碁、将棋を時々やらせ、弓をさせられたことも一度あり、その他運動は署外に出ない範囲で自由であったこと、入浴に当って署長が一緒に入ったことも一度あること、検事正が保原地区署に来た時、検事正と同席でウドンを食べさせたことも一度あること、一一月三〇日夜明日福島拘置所に移監になるということで茶話会を催したこと、（以上いずれも原二審判決の認めた事実である）等である。

赤間自白後のことであるから、その自白の任意性、真実性に影響はない、というようなところに問題の重点があるのではない。右異例の処遇が赤間自白を維持させようとする下心から出たものであることは、何人も否定できないであろう。問題はなぜ、警察署署長が湯屋の三助めいたことまでして、赤間自白の維持に汲々としてこれつとめなければならなかったのか、という点にある。これを不審に思わぬものがあるであろうか」（差戻後の第二審判決）

読者はこの事実をなんとみるか。これは被告や弁護人の文章ではないのである。「赤間自白の維持に汲々としてこれつとめなければならなかった」警察署長のこの卑屈なまでの態度のなかに、裁判官ですらも、なんらかの大きな意志のかかっていたことを察知することになり、このような文章を書かせるにいたったのではないだろうか。

捜査当局の奇怪な行動は、すでに事件発生前からあった。事件発生後、一番早く現場に到着したのは玉川警視であった。それは、弁護人をして、

「検事の論告流の推定が許されるならば、玉川証人は連絡なくして、暗いうちから現場におったのであるから、事故前から現場におって脱線作業の詳細および汽車テンプク乗務員の死傷の情景にいたるまでつぶさに見たのである」（岡林弁護人弁論要旨「無実の論証」）といわせるほど敏速で奇怪なものであった。

玉川警視の現場到着の早さはいまも謎とされているが、彼の証言によれば、「事故のあった日の午前五時前後に、管理部から連絡があったので部下の係官と共にコマンドカーに

乗って、それから四十分位で現場に着き、福島市署よりも少し早かったので、それからすぐ始めて午前八時頃までいた」（第二審第四一回公判）ことになっている。
第四回公判。工藤弁護人の質問には、
「問　証人が本件発生の最初の報告を受けたのはいつか。
答　昭和二十四年八月十七日の午前五時前後頃と記憶しております。当時私は自宅にいたのでありますが、事件があった旨の連絡は直接管理部から電話であったと記憶しております。それで私はとにかく事故の状況を見なければどうにもならんと思って電話を以て部下を非常召集し、且つ直に福島地区警察署長にも同じく電話で事故のあった旨を連絡し、私はすぐ県本部に直行しました。そして多少部下の集ったのを機としてそのまま現場に行きました。その時私と一緒に現場に行った部下は七、八名であったと記憶しております。
問　本部に集ったのは何時頃か。
答　本部に部下が集って現場に向ったのは管理部から事故発生の電話連絡を受けてから三、四十分しか経過しておりません。
問　証人と一緒に現場に行った部下の名前を記憶しているか。
答　記憶しておりません。とにかく七、八名の部下と一緒にコマンドカーで行ったと記憶しております」

と答えている。また、現場の状況について、

「問　どんな人がどんな挙動をしていたか、証人等が現場に行ったとき、現場に人はいなかったか。

答　人はおりました。警察官では私等が早かったように記憶しております。鉄道の人もいたように思います。私等が現場に行ったときには乗客が機関車のそばや田圃のあたりで右往左往していた様に記憶しております」

といい、そのときの明るさについて、後藤弁護人の質問に「暗かったと記憶しております」と答えている。

乗客はまだ現場にいた

つまり、玉川警視は、五時に福島管理部から電話連絡を受け、地区警察本部を五時三〇分ないし四〇分ごろにコマンドカーで出発したのだから、浅川踏切まで一四、五分、そこから線路づたいに現場まで八〇〇メートルあまりを歩くのであるから、現場到着は六時前後ということになる。

この日の日の出は五時五四分であり、「当日黎明になるのは午前五時二四分（標準時になおすと午前四時二四分）頃」（差戻後の第二審判決）であるから、六時前後に暗いということはありえない。玉川警視は「その中段々明るくなって来ましたので……」（第二審第四四

回公判）ともいっているのであるから、彼の現場到着の時刻は、少なくとも五時二四分以前でなければ不合理なのである。

「だが、玉川警視は、現場はまだ暗かったばかりでなく、復旧作業にも着手していなかったといっている。暗いうちについたのか、明るくなってからか、どちらが本当か？　それを解決するかぎの一つは『乗客が機関車のそばや田圃のあたりで右往左往していた』という供述である。（中略）

下り四百十一列車が松川駅に到着した時刻は午前三時十三分である（中略）。三時十四分には出発する予定であった。それから間もなくその乗客が現場へ向って歩きはじめたものであろう。検車区関係での『事故接受三時四十分』（中略）。そして松川は現場に最も近い駅（現場まで一粁七二九米四〇糎）である。おそくとも四時前に乗客は続々と現場へ来はじめたことであろう。それと共に四百十二列車の乗客は逆に松川駅へ向ってゆくのである。この右往左往は四時前後に、まさに、たけなわとなったであろう。その右往左往がすっかり終り、四百十一列車の客だけが残って、五時三十五分発で金谷川駅へ引揚げることになるのである。

機関車の方に乗客がいたのは、四百十一列車の旅客が現場へ到着しはじめるよりもさらに前である。

玉川警視は、乗客の右往左往の情景をも、機関車附近の乗客のことをも、知っているのであるから、実際は、おそくとも四時前後には現場にいたものとみなければならない」(岡林弁護人弁論要旨「無実の論証」)。

また、玉川証人は工藤弁護人の質問に答えて次のようにも答えている。

「問　どのようにして現場を保存させたか。

答　縄も何も張りませんでしたけれども警察官をあそこに立てるとか此処に立てるとかして、その中に人を入れないよう専念したと記憶しています。そして私は、私ばかりでなく他の者も行ったのですが、機関車の方に行きました。そのとき鉄道の方と思いますが、その人がなんとかいう機関士は松川の男だ。さっきまでは妨害だ、妨害だ(多少言葉が違うかも知れません)、列車妨害だと言っていたが、今返事がなくなったと言っていたのを記憶しております」(第四四回公判)

「松川の男」とは、死んだ三人の乗務員のなかで茂木機関助手だけであり、即死でなかったのも彼一人である。その死亡時刻は「昭和二十四年八月十七日午前四時頃」(検視調書)ないし「午前三時二十分」(死体検案書)である。

玉川警視はその前後に、すでに現場に到着していたことになるであろう。いずれにしろ彼が意識的に二時間以上時間をおくらせて証言していることは疑えない事実である。

部下は「警察官」ではない

当時、顚覆現場とはもっとも近い駐在所である信夫郡松川町原九九番地の原駐在所に勤務していた佐藤倍雄巡査は、差戻審公判廷で、管原検察官の問に、

「問　証人は事故発生当時現場に行かれましたか。
答　行きました。
問　何時ごろ行かれたんですか。
答　私は当日の勤務地が松川町の駅のすぐ近くの駐在署におりました関係で、私が届出を受けて、それから現場に、本署に報告してから行きました。で、午前の四時前後じゃなかったかと私は……。
問　午前四時前後。
答　はい。
問　警察官としては証人が一番早いんですか。
答　現場に到着したのは私が一番早いと記憶しております。」

と答えている。佐藤倍雄証人の証言を信用するとすれば、玉川警視の現場到着は、佐藤証人より遅かったことになる。だが、証人は続けて次のようにもいっている。

「問　現場に到着してから証人は大体どういうことをされたわけですか。
答　現場に行って、とりあえず状況を見たのですが、まことに悲惨な状況でありまし

た。で行くとすぐに何を、手を施していいか訳のわからん状態でありました。で、とりあえず現場保存ということで、私は部落民から縄とか杭とかそういうものを集めて来て現場保存をしました。」

ところが、玉川警視が現場に到着したときには、玉川証言によれば、「縄も何も張りませんでしたけれども警察官をあそこに立てるとか此処に立てるとかして、その中に人を入れないよう専念したと記憶しています」（第二審四四回公判）となっている。玉川警視が現場に到着したとき、警察官によって現場保存されていたという形跡は、彼の証言からはでてこない。つまり、玉川警視は、佐藤倍雄巡査が縄を張って現場保存につとめるよりずっと以前に到着していたとみるのが適当であろう。

しかし、玉川警視の部下が現場保存にあたっていたのであれば、たとえ一駐在巡査であっても、佐藤巡査が彼らの存在に気づいたとみるのが常識である。もとより、佐藤倍雄証言を信用すれば、玉川警視の「部下」たちは制服ではなく私服であったろう。しかし、私服ではあっても同じ署内の同僚であるなら、彼らに気づくはずであるから、玉川警視が証言する「部下」たちは警察官でも、「部下」でもない男たちであったと推察される。佐藤倍雄証人が警察官で「現場に到着したのは私が一番早かった」といえる理由はそこにある。

佐藤証人が玉川警視に会わなかったのは不思議ではない。そのころは、玉川警視は顛覆現場で大活躍していたさなかであり、佐藤巡査が到着した四時前後は乗客の右往左往が「まさに、たけなわ」であった。現場保存にあたっていた警官数人に会わなかったというならおかしいが、ただ一人しかいなかった警官、玉川警視をみかけなくとも不思議はない。

だがその人の名はいえない

この公判のあった後、松川事件真犯人調査のために、玉川警視を訪ねた私に、彼は「福島管理部から電話があったのは四時何分かであった」といいなおしている。かつての部下たちと時刻があわなくなったためであろう。

しかし、これは差戻審の公判廷に証人として立った警官たちがすべて真実をのべているといっているのではない。

玉川警視が私に語った言葉を要約すると次のようなものだ。

「四時何分かに電話を受けた。福島管理部から県警の宿直室に電話があったのだ。宿直者が重要な用件だからと、その電話を直接私の自宅にまわしたのだった。もちろん警察電話だよ。電話連絡の時間の記録が、二審で私が証人に出たのちに出てきたし、宿直者の名前も思い出した。ただし、その人の名前はいまはいえない」

と、玉川氏はいうのである。このことばは当時の状況を暗示するものが汲みとれるものとして興味深いものがある。二審で証言した後に出てきたというのがかりに本当だとしても、そのころになって宿直者の名前を思い出したというのもおかしい。事故当夜の宿直者が誰であるか、署の宿直簿をみれば、ただちに判明するはずである。警察という職種からいって、宿直簿の保管すらも完全ではないということは考えられないことだ。まして、列車顚覆のような大事件がおこって、国鉄福島管理部から電話があったのならば、宿直員は、当然、電話接受の時刻、内容について記録をとっていたであろう。玉川氏のいう、福島管理部から署の宿直室に電話があり、重要な用件だから玉川氏の自宅に電話をまわした、というのは嘘である。「宿直員の名前はいまはいえない」というのは、その辺の事情を物語っているとみてよい。

玉川警視は福島管理部や検事区関係の事故接受時間の三時四〇分より早くこの事故を知っていたのは事実である。岡林弁護人の推定のように彼は顚覆の状況をつぶさにみたのか、あるいはそれをみなかったとすれば、どこでその連絡を受けたのか。これについてはあとでくわしくのべるが、電話連絡をしたのが福島管理部でなかったことだけはたしかである。

なにゆえの非常警戒態勢か

事件前夜から朝にかけて、松川町一帯が非常警戒態勢にあったことは、いまでは周知の事実となっている。

金谷川に大槻呉服店という店があるが、事件の前日、一六日の午前二時から三時ごろのあいだに土蔵を破られ、盗難事件があった。このときは、犯人はバールと細いのこぎりをつかって侵入、品物をもち出そうとするところを家人にみつかり、あわててその二つの道具と、盗品の自転車をおきざりにして逃げてしまった。

事件当夜の非常警戒が、破蔵事件が表面上の名目になっていることは事実である。福島地区署の警備係、遠藤俊一巡査は当夜、「宿直だったが、署から六、七名が破蔵事件の非常警戒に行った」と語っている。（熊谷達雄「事件の真相をたずねて」『中央公論』松川事件特集号）

だが、第一審第一一回公判で、福島地区警備係長であった佐藤森義警部補は、大塚弁護人の質問に次のように答えている。

「問　昨年八月十六日、証人の勤務を覚えておりますか。

答　その日は、松川の駐在所におったと記憶致します。

問　その時、証人は警備係長として、多少なりとも警察官を集め、犯人検挙の上について適切な処置をとったか。

答　別段の処置はとりませんでした。

問　証人は、その夜は松川におりましたか。

答　夜の十一時頃には福島へ帰りました。
問　その晩帰るまで松川の近くで土蔵破りの事件が起らなかったですか。
答　その様な事実はなかったと思います。
問　その晩松川町近辺に非常線を張らなかったですか。
この時、検察官（鈴木検察官）は異議を申し立て、その理由として、弁護人の右発言は本件事件と関連性がないから許さるべきでない、と述べた。
大塚主任弁護人は、本発言を撤回する、と述べた」
「その晩帰るまで松川の近くで土蔵破りの事件」という弁護人の質問は、一六日の二時から三時までの破蔵事件で非常線を張った後、ふたたび破蔵事件がおこらなかったか、という意味なのであろう。しかし、前夜の破蔵事件の犯人検挙に適切な処置はとらなかったという言葉は注目してよい。この言葉は、はからずも、破蔵事件のためにおこった「非常警戒態勢」は、名目であったことを告白しているからだ。検察官も、非常線問題に訊問がふれるや、「本件事件と関連性がない」と、あわてて訊問を撤回するよう要求している。この検事の態度に不審を抱かない者があるだろうか。
破蔵事件の犯人であった、村上義雄、平間高司の両人は、差戻審の公判廷に証人として出廷して、破蔵事件は偶然の事件であることがわかったが、それまでは、松川事件との関連性をもって考えられたのは当然であった。この両人は、事件当夜も、ひきつづき破蔵をこころみて、犬にほえられて失敗しているが、彼らが盗みに入る家を物色して歩いた二時半ごろまで、警官に不審訊問をされたという証言はない。彼らは大槻呉服店の付近もうろついているのであるから、大槻呉服店の破蔵事件の犯人逮捕を目的とした警戒であったら、非常線にひっかかるのが常識である。しかし、二人が会ったのは、犬と、松川事件の真犯人だけであった。

〝松川デス　タノミマス〟

当夜、非常警戒に動員されたのは「警備警察」である。泥棒事件などの一般犯罪は捜査係が担当するのが普通だが、労農運動を担当する公安整備警察が出動した理由の一端をのぞかせてくれるのが「諏訪メモ」だ。

「諏訪メモ」は最高裁にいたるまで検察官によって隠されていて、それが弁護士に指摘され、佐藤一アリバイの証拠となったが、その一の八頁に次のように書いてある。

「13、対外的関係ハ（緊急時）西ガ主トシテ当ル
国警本部→警備課長（次席）
6・30赤旗事件トカチ合ウ　11日カラ10名位
地警→警備係長→応援者　根拠地→原
民政部→労務課（野地通訳）

CIC→tel 1360→加藤通訳　連絡者→〈松川デス　頼ミマス〉 20分
労政課→野地課長　or　高原
C・Cor 30名地警カラ来ルノハ最大限」

この言葉は調査団によって次のように解釈されている。
「国家警察福島県本部への連絡は、そこの警備課長（あるいは次席）にすること。一一日からはそこから一〇名の応援が来ている。福島地区警察への連絡は警備係長（前記・佐藤森義警部補のこと。この人は、松川の原駐在所に夜おそくまでいたことは前述のとおり）にすること。そして根拠地『原』とあることは私たちの注意をひく。そこには佐藤森義警部補がつめ、佐藤倍雄巡査が夜もねむらないでいたことと考えあわせるならば、その意味ははっきりするであろう。根拠地という以上は、ここに連絡すれば、東芝労組弾圧にすぐにも乗り出せる警備配置がここを中心にできていたことではないか。

さらに驚くべきことに、アメリカ民政部労政課やCIC（防諜部）などとも密接な連絡体制ができていることである。「松川デス　頼ミマス」の二言の通報で、すべてが了解され動き出せることになっているのである」（前掲・熊谷達雄「事件の真相をたずねて」）

佐藤森義警部補は原駐在所で、何かを待っていたのである。

さらに、同じメモによれば、東芝松川工場ではマル戦体制に入り、「解雇通告」をする一二日からは「非組合員夜警ニ当ル」（「諏訪メモ」一の八頁）予定までできていた。

一方、組合側は、一六日の組合大会で一七日の二四時間ストを決定していた。捜査当局には、松川事件を予想させるような情報が、どこからか入っていたと思うのである。そして、警察当局はそれを期待して待機していたのであろう。そう理解しなければ非常警戒の謎はとけないのである。この情報は玉川警視によって、地区署にもたらされたはずである。

大槻呉服店の破蔵事件がおきようが、おきまいが、非常警戒はおこなわれたのであり、たまたまおきた破蔵事件は世間を、また部下の大部分をごまかすにも絶好の口実となったにちがいない。松川事件の前夜、偶然にも破蔵事件がおこったことで、玉川警視は天祐を感謝したかも知れない。

C-Cが知っている？

ここで、ふたたび玉川警視の行動にもどる必要がある。

筆者は、玉川警視が事件発生の連絡を受けたのは「福島管理部から直接自宅に連絡があった」のでも、「管理部からの電話を署の宿直員が警察電話で自宅に廻わした」のでもなく、それは「あるところである者から直接聞いたはずである」と前にのべた。

もしも、管理部からの連絡であったなら、それが警察電話で自宅に接続したものであっても、三時四〇分以前には連絡がなかったはずである。（検車区関係の事故接受時間は三時四〇分である）。

そして、彼が自宅から署にむかい、出発準備を完了して現場到着する時刻は四時四〇分前後となる。だが、玉川警視は原駐在所の佐藤倍雄巡査が現場に到着した四時前後より少なくとも一〇分ないし二〇分現場到着が早くなければ理屈にあわないのである。

前に引用した「諏訪メモ」の

「CIC→tel 1360→加藤通訳　連絡者→〈松川デス　頼ミマス〉20分」

という二行を思い出していただきたい。

当時、福島CICは福島市内、いまのろう学校跡にあったが、松川東芝工場まで二〇分で到着できるとしてある。

筆者は玉川警視はCICと一緒に現場に到着したものであると理解している。もとより二世の要員であったろう。彼らは玉川警視が大活躍するあいだ、そして、佐藤倍雄巡査が縄を張って現場保存をするまでのあいだ、それとなく現場保存にあたっていた。佐藤倍雄証言をして、「警察官の中で一番早かった」のが自分だといわせしめているのは、こう考えてはじめて理解できるのである。

しかし、たとえCICであっても、夜中の三時に非常召集をするとすれば、警察と同じように現場到着までに事故発生後一時間の時間を必要とするはずである。佐藤倍雄証人の証言を信用するとすればそれでは不合理なのである。

つまり、福島ＣＩＣはいつでも出かけられる態勢にあり、あるところで待機していた。彼らは事故の発生する三時九分まで、芸者たちと戯れていたかも知れない。四国予讃線事件当夜の松山ＣＩＣの行動を想起していただきたい。松山ＣＩＣ要員たちは、今治の鯛網に日本側警察と出かけ、当夜は今治の料亭にいた。それは疑惑を抱かせないための格好の隠れみのである。福島ＣＩＣも例外ではなかったであろう。そこには、玉川警視も同席していたと思われる。

その場所は、福島市内のＣＩＣ本部ではなく、飯坂温泉の旅館「青葉」ではなかったか、と筆者は推察する。「青葉」はＣＩＣの指定旅館であり、日本の検察官や玉川警視などはしきりに出入りしていたものである。（このことについては第七章でくわしくのべる）

玉川警視は三時九分の幾分か後に、彼らから事故発生を聞いた。

岡林弁護人によれば、「検事の論告流の推定が許されるならば、玉川証人は」「事故前から現場におって脱線作業の詳細および汽車のテンプク乗務員の死傷の情景にいたるまでつぶさに見たのである」というが、筆者は、玉川警視は顚覆の情景をみてはいなかったと思う。「確信過剰型」（差戻審判決）のこの捜査官が、もしも真実を知っていたなら、予讃線事件のように、松川事件も迷宮入りになったと思われるからだ。彼にもそのぐらいの常識はあったろうと思われる。

「私は曲ったことがきらいで、検察庁の不正事件を告発しようとしたこともある（註、これには証人もいるから事実らしい）。また、警察をやめたのも、警備課長になったときに、県会議長に挨拶しろという。いやだ、と断り、自分の主義を通したのが原因だ。

ところが、松川では損なクジを引いた。どうしておればかり悪者にするのか。おれだって機構のなかの一員にすぎなかったのだ、ということを知っていてもらいたい。

しかし、どんな非難を受けても、私は真実にしたがった、という満足はある。

裁判に負ければ『敗軍の将、兵を語らず』——なにもいわないよ」

現在、会津若松市で新聞店を経営している玉川正元警視のこのような言葉からも、元特高の偏向はあっても、彼なりの真実はうかがうことができるようだ。

彼はCICにつながっていた

ともかく、玉川警視は、事故発生とほとんど同時刻に、CICから事件を聞かされた。これは管理部が事故の報告を受けるより早かった。

同じような事実として、山陽本線に、レールの上に枕木が置かれていた列車妨害事件がある。機関士が発見して事なきをえたが、彼が報告する前に、管理部ではCICの通報ですでに知っていたという奇怪な事実もある。こう考えあわせれば、当然疑惑はCICにむけられるはずのものだが、松川事件の事故発生を聞いた玉川警視は、CICに疑いの目をむけるよりも、その情報キャッチの早さに畏敬の念をもったであろうことは充分理解できる。

それと同時に、彼の脳裡には東芝松川工場労組が、前日に二四時間ストを決定したこと、それが警察当局の非常警戒のなかでおこなわれつつあること、そして、伊達駅事件、福島管理部事件、県会赤旗事件などが、三鷹・下山事件などと一緒にひらめいたかも知れない。玉川警視の現場到着後の、バール、スパナ発見から、松川線路班に警官を派遣した迅速にして奇怪な行動の秘密は、実にここにあるのではないだろうか。

玉川警視について、松本清張氏は白鳥警部補との類似を指摘する。

「私はこの玉川警視のことを考えると、白鳥事件の白鳥一雄警部補のことを連想せずにはおられない。白鳥警部補は札幌地警の警備係長で、当時の日共関係を担当する一方、CICとも常に連絡を持っていた。彼は、その蒐集した情報をその所属する市警には提出しないでCICと連絡のある国警に情報を提供していたと云われる。つまり、白鳥警部補がCICや国警と特別な繋がりを持っていた立場が、この玉川警視にも連想されるのだ。私がこのことを事件関係の人に云うと、いや、それはもっと酷いですよ、と答える人が多い」

(『日本の黒い霧Ⅲ』「推理・松川事件」)

玉川警視は、福島CICの信任を一身にあつめていた。CICにとっては、たんに利用していたにすぎないというのが実情であろうが、玉川警視にとってみれば、天皇よりも強力な米軍、とりわけG2の信任をうけていることは天にものぼる心地だったかも知れない。彼は、自分が使っているスパイ（その事実はある）から得た、労働組合や共産党の情報をＣＩＣに提供し、その逆にＣＩＣからの情報も鵜呑みにいただいていたのであろう。松川事件が発生するまぎわになると、ＣＩＣから松川事件を予想させるような大事件が、国鉄労組や東芝労組によって企てられているという情報を執拗にそそぎこまれていたであろうことは容易に推定できる。事件当夜の警察側の非常警戒態勢もこれらの推理によってはじめて理解できるのである。

玉川警視に、ＣＩＣの信任をうけているという自負があったからこそ、さきにのべたように、主任検事をさしおいて、検事正に「犯人判明」と注進におよぶことができたのではあるまいか。

ともかく、事件を知った玉川警視は、予想が的中した幸運をよろこびながら署長に報告すると同時に、安西検事正にも注進におよんだであろう（検事の現場到着も五時前であり、意外に早い）。そして、部下を非常召集しておいて、自分はＣＩＣ二世たちと現場にむかったのであろう。しばらくしてから原駐在所の佐藤倍雄巡査が現場にかけつけた。彼は玉川警視が現場に到着していることを知らずに、部落の人から縄や杭を借りて現場保存にあたった。そのうちに、玉川警視が非常召集しておいた警官たちがコマンドカーで到着、続いて市警の警官、飯坂署の警官、検察官の順序で到着したのであろう。

《真実》は煙となって消えた

一方、検察官はどうか。当時福島地検書記であった磯部実氏は「事件の一週間位前、安西検事が、田島検事と『赤間勝美などのオッチョコチョイを利用したらよい』といっているのをちらと耳にしたことがある。赤間の名前は、私が事件係の受付をしていた関係からよく知っていた」といっている。彼はまた、検察官による調書改ざんの実態をつぎのようにいうのである。

「調書は警察でとってくるものだが、渡辺、服部、梅津事務官らが立ち合いで、検事が書きなおしていることがよくあった。なかの二、三枚を破って新しいのを挿入、四角い検察庁の印を古い部分と合わせるのだ。

合わせ方は両方の頁を合わせて、古い頁の印の上にセロハンをのせ、同じ濃さにして、セロハンから透けて見える部分に合わせて捺すわけである。

古い部分を燃す手伝いもよくやらされた。焼却は検事たちが立ち会って、次席検事官舎の裏庭でやる。次席検事官舎（山本諫検事の自宅は飯坂にあったため、官舎はほとんどつかわれていなかった）が、彼らの相談場所になっていた。寒くなってからだった。検事はドテラを着ていた。山本検事は大ざっぱだったが、吉良検事は一番うるさく、残さず焼くよう注意していた。

石油罐に書類を入れ、大きな穴をあけて焼いたのだが、『穴が大きいと飛ぶから、小さな穴にしろ』といわれたのをおぼえている。それは冬のあいだ、毎日のようにつづけられた。玉川警視もときどき顔を出していたように思う」

不思議なこともあるものだ。人は、昔勤めていたところのことを悪しざまにいうこともありうる。読者もまた、そういう疑いを磯部氏に抱くかも知れないし、またそれは自然であろう。だが、書類改ざんを判決が指摘しているとしたら磯部氏の言葉を信じないわけにはいかないにちがいない。

「10・1山本調書は、問題の二九項の記載されてある紙から以後は全部その契印部分の折目が左折りとなっており、その前から先きの紙は全部右折となっている事実が、新たに発見された。これは明白で何人も争えない動かすことのできない事実である。（中略）書き改められた場合には、そのようにしなければ契印が困難になるのである」（差戻後の第二審判決）

また、差戻審判決は、次のようにもいっている。

「9・23山本調書に、図面が添付されていて、それには松川方面に向って抜いて行ったことがわかるだけである。この点につき、赤間は山本検事から一五日謀議の席順の図面と、脱線作業の図面を書くようにいわれて書いたが、自分はどちらに向って抜いて行ったのかわからないので、はじめ金谷川方面に向って抜き取ったように書いて出したのを、白井事務官から反対の方向だといわれて、図面を新たに書きなおして出したもので、9・23山本調書に添付されているのがその書きなおした図面である旨弁解している。

9・23山本調書の立合検察事務官は、まさしく白井常次郎である。それよりも重要なことは、9・23山本調書添付の二図面の紙質、紙の厚さを仔細に精査すると、この二つの図面は紙質の点でも紙の厚さの点でも異っている。

これは極めて異常なことで、同時に紙を渡されて二枚の図面を書くときは、同じ紙質、厚さの紙を渡されるのが通例である。この紙質、紙の厚さの異るという動かせない事実は、赤間の弁解の真実であることを強く支持するものといわざるを得ない。

この点は、検察官も弁護人も全く気がついていないのである」

なぜ、このようにしてまで無実の者を罪人にしたてなければならないのか。検察庁では「全員無罪」の判決があるや、またも最高裁に上告手続きをした。それは、上告することで三年間の時間をかせぎ、時効（一五年）になるのを待つことで、真犯人の追及という責任から逃れようという意図以外には考えられない。そこには、きわめてはっきりとした政治的な意図以外はみることができないであろう。つまり、真犯人は、現在の日本政府にとっては困る相手の国の人物であることを知っているからだ。

しかも、検察官が書類改ざんまでしたということについては、日本政府よりも強力な信任とリードがあったとみるべきであろう。それは、直接には福島軍政部であったろう。

大野達三氏は、日本の捜査当局とGHQの関係について、その著書『謀略』のなかでつぎのように書いている。

「占領下日本の全国家機関および自治体の組織は、細部に至るまで、アメリカ占領軍の完全な統率下におかれていた。警察、検察庁などの治安官庁も、もちろん例外ではなかった。泥棒やスリなどの犯罪捜査に、占領当局が具体的な指揮をとることはなかったが、ことが公安事件、労働事件、麻薬関係の事件、汚職事件などのばあいには、全捜査の過程がきびしく監視された。ききこみ、はりこみ、尾行などの捜査報告書も一つ一つほん訳してCIDやGSに提出する必要があった。多数犯罪のとき、何人を起訴すべきか、求刑をどの位にするかということまですべてOKを必要とした。下山事件の捜査が、警視庁とか検察庁とかの日本側が独自で捜査ができたと考えると、この事件の本質を発見することはできない。日本が完全に独立を失っていたことは、警察などの国家機関でも例外である筈はない」

松川事件でも、その例外であるはずはないのである。

第五章　背　景

「事実上の講和」＝単独支配政策

四八年一月六日、ロイヤル陸軍長官は、サンフランシスコ、コモンウェルズ・クラブにおける演説で、

「日本を広範囲に非軍事化しようとする当初の方針と、自立国家を建設しようとする新方針とのあいだに矛盾する領域がおこってきた」。したがって、「対日占領政策の方向は、強力な日本政府を育成するにある。日本自身が自立できるだけでなく、こんご極東におこるかもしれない新しい全体主義の脅威にたいし防壁の役目をはたすのに十分な強力な安定した民主主義をきずきあげるにある」

とのべた。

戦後のアジアにおける民族解放運動は年を追うて発展し、輝やかしい成果をおさめていた。インドネシア、フィリッピンに次いで、四七年八月にはインドが、四八年一月はビルマの独立を迎えている。そして、四七年九月、中国では人民解放軍が、国民政府軍に総反

攻を宣言して、翌四八年一二月一六日には北京に入り、中国制覇を目前にひかえていた。

このような極東の情勢は、日本をアジアにおけるもっとも忠実な同盟国に育てあげる必要にアメリカは迫られていた。それは、アメリカの多額の援助を必要としない、しかも、共産主義の防波堤の役目をはたすに足る政府を育成することであった。

このロイヤル陸軍長官の演説は、日本帝国主義を弱体化させるために、非軍事化、民主化を促進するという従来の方針にたいする事実上の終焉を意味していた。それは、日本における社会主義勢力と民族解放運動の発展に対抗するために、日本の独占資本を復活強化し、それと階級的同盟を結ぶことにほかならなかった。

四七年三月、二・一ストの直後に、マッカーサーはアメリカ新聞記者団との会見で、「日本の軍事占領は早く終らせ、正式の対日講和条約を結んで総司令部を解消すべきである」と声明し、彼らのいう「事実上の講和」による単独支配の状態に日本を置く方針に移行していく。

七月二三日には、マッカーサーは芦田首相に書簡をおくり、公務員の争議権を剝奪することを命令、翌四八年の一二月一七日に、GHQは日本経済に関する九原則、すなわちドッジ・プランを発表し、百万人首切の嵐が労働者階級の頭上に荒れ狂うことになるのである。

ドッジ・プランは五ヵ月前、芦田内閣に要求した経済安定十原則と「実質的には同じ計画」ではあったが、それは朝鮮戦争の足がかりをつくるための、日本経済の自立以外のなにものでもなかった。

一、急速に予算の均衡を図ること。
一、徴税計画の促進強化。
一、資金貸出を日本の経済復興に寄与するものだけに厳重制限すること。
一、資金安定策の確立。
一、現在の物価統制計画の強化。
一、外国貿易管理の運営改善と外国為替管理の強化。
一、特に輸出増大のため、物資割当および配給制を改善すること。
一、全重要国産原料および製品の生産増加。
一、食糧集荷計画の改善。

これが、経済九原則の内容であるが、これをいいかえれば、「ドルに従属するように日本経済を再編成するために、人民から税金を強力にとりたて（第二項）、低賃金政策を強行し（第四項）、農民にたいしては強制供出をさらにつよめ（第九項）、全国民にたいしてはより労働強化を要求し（第八項）、外債の保証、外資の安全については万全の措置を講じ、こうしてつくりだした資金は『占領軍の許可する巨大独占資本』にだけまわし（第三項）、米価は低くおさえるが、日本の独占資本の製品には超過利潤を保証するように価格統制をおこない（第五項）、貿易については占領軍の管理を強化し（第六項）、占領軍の同意する輸出産業には資本を集中する（第七項）」（斎藤一郎『戦後日本労働運動史』）という、おどろくべき内容のものであった。これは、たんなる経済的従属の命令ではなく、四八年はじめのドレーパーの日本軍事基地化の提案を具体化したものであった。

ドッジ・プランと労働者

一八日付UP電は、これについて次のように報じている。

「新しい計画の第一の目的は日本の経済的復興であるが、これはまた日本をして日本の戦略的利益と米国のそれのために実際活動に移らせるための措置である。もし中国が共産主義者の手におちいれば、日本はソ同盟の支配下にある千島列島から朝鮮、沖縄、台湾、比島におよぶ線の上の反共前しょう線となるだろう。……今度の政策は外交および軍事指導者が中国における共産主義者の進出に処する為の最善の手段として持ったものだ」と。

来日したドッジが、九原則の実施にあたって「そのためにはフリクション（摩擦）はあっても、経済九原則を実施して、まがいもの（フィクション）のない経済にしなければならない」と語った理由はそこにあったのだ。

だが、日本共産党はこれをどう受けとったか。

「今回発せられた経済復興のための九原則は、ポツダム宣言無条件受諾とこれにともなう降伏文書によって、日本政府が忠実に実行すべき義務を負うものである。また終戦後のわが国経済を復興するためとらねばならぬ基本的原則たることは争いなきところである。ただ問題は、この原則を実行するに当って『だれが、だれのために』するのかというところにある。……この九原則を悪用して、これを倍加しようとする保守反動勢力の悪政を一掃するためにこそこれが役立たなければならない。それ故にこれは人民の生活の安定と、民主主義の勝利と民族の独立の前提とならねばならぬ」

共産党のこの情勢分析の甘さのために、日本の労働者は、ドッジ・ラインの前に裸で投げ出されることになったのだ。マッカーサーは日本政府にあてた書簡のなかで「日本人の生活のあらゆる面においてより以上の耐乏をもとめ、自由な社会にあたえられている特権と自由の一部の一時的な放棄をもとめるものである」といい、これにたいするいっさいの反対、妨害はだんこ抑圧すると声明しているのである。

それは決して、「人民の生活の安定と、民主主義の勝利と、民族の独立の前提」などといえる甘いものではなかった。

ドッジ・プランが「集中的に表現したものが四九年度予算の編成であった。第三次吉田内閣が九原則とドッジ第一次声明の線にそって立案した予算案は、ドッジ・ラインと称せられる内示案によって根本的に修正させられた。

それは徹底した独占資本の擁護と大衆収奪の予算であった。一方では均衡予算の名のもとに、歳出面は一般会計で三割、特別会計で二割にのぼる人員を整理し、失業対策費を前年度の百分の一にきりすて、六・三制実施による校舎建築費を含む公共事業費を大幅にけずりながら、他方では政府補助金をなくすという原則を無視して、巨額の輸入補助金、価格調整費を計上していた。また歳入面では所得税、酒税を引き上げ、ガソリン税を新設し、専売益金の増収をはかる等、その六三％が租税によってまかなわれることになっていた。

また、従来の復興金融金庫が廃止されて、対日援助物資の払下代金とその代金が輸入価格より安いときには、その差額を税金収入によって補充されるところの積立金を財源とする見返資金特別会計が新しく設けられた。見返資金の運用は復金融資とは異なって、一件ごとにGHQの許可を必要とすることになった。その資金が、国鉄、電気通信機構の整備、電力、造船産業等への投資に向けられたことからもうかがわれるように、朝鮮戦争を前にして侵略戦争準備を急ぐアメリカの意図にしたがって支出された。……このような政策転換にともなって、特定の産業に重点をおく従来の傾斜生産方式から、同一産業部門内でも能率の高い巨大企業に資金と資材を投入する集中生産方式に切りかえられた。単一為替レートの設定により、ドルにリンクして資本主義世界市場と直結させられた日本経済は、集中生産方式とそれと表裏一体となっておし進められた企業整備と産業合理化とによって、ドッジのいわゆる二本の脚——アメリカの援助と国家の補助金——に支えられた竹馬経済の足をたちきり『自立の道』を歩まざるを得なくなった。しかし、それは首切り、賃下げ、賃金遅配、労働強化、下請加工代金の引下げ、遅払い等、労働者と中小企業の犠牲のうえに立ってこそできるものなのである」（三一書房版『戦後日本労働運動史』）

産業防衛闘争と弾圧

こうして、産別会議のいわゆる産業防衛闘争に発展してゆくのであるが、労働者たちには「切実な要求と、どうしたらよいか分らぬ不満と不安、しかも何かしなくてはならないという闘争意欲」を持ちながら、「郷土産業防衛闘争と、自分たちの生活利害といかに結びつけるかに戸惑」（岩波書店版『戦後労働運動史』）うことになるのである。福島県におこった赤旗事件は、この郷土産業防衛闘争の一つの典型であった（後述）。

こうして、ドッジ・ラインを強行するなかで、「占領当局は、一方で主要労組代表を招いて労働法改正について懇談したり（一・一二）、全国各地で労資懇談会をひらいて九原則下の労働組合のあり方の指導を行なったり、地方軍政部を通じて各地に懇談会を組織して労働者の反対を懐柔し分裂策を講じた（一月から三月までの間にその数は一万一〇〇〇組合二五七万名におよんだといわれる）」（三一書房版『戦後日本労働運動史』）のである。この分裂策が、松川事件がおこったときの労働運動にたいする地ならしにもなっていた。

ドッジ・ラインの強行によって、松川事件に至るまで日本の労働階級と中小企業がこうむった犠牲について、その主なものを岡林弁護人の文章から借りる。

「一月　一日　官公庁四八時間制勤務実施。
　　　七日　わかもと二二八名首切。
　　　　　　大同製鋼一三〇〇名首切発表。
　　一七日　明電舎一六名馘首。
　　　　　　一月から賃金遅配がはじまり急速に各産業にひろがる。労働基準局調査によればこの年二月から一二月までの遅配一万三七四一件、八五億七四〇〇万円。
二月一一日　豊和工業従組弾圧一〇〇余名検束。
　　一四日　大同製鋼三〇〇名整理発表。
　　二六日　政府『行政機構刷新および人員整理に関する件』決定、推定失業者一七〇万。
三月　九日　東芝川岸工場警官隊六〇〇名によって弾圧、工場閉鎖強行。
　　一〇日　吉田首相、非現業三割、現業二割整理はまだ過少と意見発表。
　　一五日　東芝一四工場川岸工場の弾圧に波状スト。
　　二六日　大同製鋼二〇〇〇名首切、団交決裂。
四月　四日　団体等規正令公布施行。

五月

九日　閣議、住民税大幅引上げ決定。
二三日　日本電気一万名のうち、三六〇〇名の首切、四五〇〇名の配置転換発表。
二九日　沖電気二八〇〇名の首切（四割二分）発表。
　　　東芝四三工場中二七工場および一研究所整理発表。
三〇日　閣議、定員法改正、九月までの整理人員二六万六三〇〇人と決定。

六月

六日　三菱電機一割（一八〇〇名）の人員整理、一割三分（一三〇〇円）の賃金切下提示。
二二日　労働組合法改正法、労働関係調整法改正法成立。
三〇日　行政機関職員定員法成立。
　　　東京都公安条例反対デモ、東交一職員殺さる。
二日　日本製鋼一四一五名の首切発表。
九日　国鉄新勤務制拒否のため一九名首切。
一〇日　人民電車事件。
一六日　日鋼広島六二二名の首切、団交決裂、警官隊と衝突。東芝加茂工場で警官隊六〇〇名が争議弾圧、一四〇名検束。
二〇日　政府総司令部にたいし警官の増員、機関銃・装甲車などの機動力の強化を要請。

三〇日　平事件。
七月　二日　樋貝国務相非常事態宣言用意と言明。
四日　国鉄第一次首切三万七〇〇〇名発表。
五日　東芝四五八一名第一次整理発表。
六日　下山事件。
一三日　国鉄第二次整理六万二〇〇〇名首切。
一五日　三鷹事件。
一六日　東芝堀川町一三〇〇名解雇。
一九日　全逓整理人員約二万と発表。
二四日　国税庁三〇〇〇名の整理通告。
二七日　農林省四三〇〇名整理発表。
八月一一日　全逓中闘二八名をふくむ一万一五〇〇名に整理通告。
一七日　「松川事件」（一九六一年八月『歴史評論』岡林辰雄「松川裁判の現段階」）

下山総裁は犬死ではなかった

下山事件をはじめ、三鷹、松川事件が誰に利益をもたらし、誰にとってマイナスであったかは、この表によってみてもあきらかであろう。下山事件がおこる直前、企業整備のために財界から東芝におくりこまれた石坂泰三社長は「下山事件と東芝再建」と題して次のようにいっている。「これこそとっておきの話になるが、実はぼくの整理断行の決意をさらに勇気づけてくれたのが、ほかならぬ下山事件だった。あの事件に接したとき、ぼくはこれは組合にとって大きなマイナスだ。これならうちの整理も断行できると感じて大いに勇気を起した。ぼくの東芝再建には下山氏の死に負うところが大きい。ぼくは今でも同氏の犠牲は当時の混乱したいろいろの争議に大いに役立ったと思っている。同氏の死は犬死ではないと思っている」(三四・一〇・一一『朝日新聞』)。

事実、東芝では、下山事件のおこった翌々日の七日に、四〇〇〇名にのぼる馘首を発表している。

石坂氏の言葉は松川事件にもそのままあてはまる。松川事件のおこった八月から、一〇月にかけて、国鉄一二万を含む公務員の行政整理はあらかた完了することになり、昭和二三年後半から、二四年にかけて、労働省の公式発表でも四三万余名、実際には一〇〇万近い労働者が街頭に投げ出されることになるのだ。そして、労働者の権利はつぎつぎに奪いとられていく。

昭和三三年一一月二一日、松川事件上告審で守屋典郎弁護人はつぎのようにいっている。

「国鉄労組は第一回、第二回の大量首切に当って二回共反撃の出鼻を下山事件と三鷹事件でくじかれ、これに対して漸く陣容を整えて反撃の体勢に移ろうとしていました。この時国鉄労組内の左翼の勢力はなお強く、これに対してGHQや政府は国鉄民同を強引に育成して左翼に当らせようとしていました。この時国鉄労組が左翼の指導のもとに一大反撃に立ち上ったらどうなるか。それは国民的な反撃にまで高まりアメリカ占領者の政策に重大な支障を与えるに至ったであろうことは明らかであります。松川事件はこの国鉄労組の立上りを三度くじいたものであります」「これによって国鉄労組は民同の支配に帰しただけでなく、産別会議そのものも大きな打撃をうけ、日通、化学、進駐軍労組等は九月以降続々と脱退し、占領軍当局の庇護と指導の下に一二月にはこれ等の脱退者は新産別を結成しました。この情勢の下に一〇月以後海員組合、日教組、全鉱等も次々と全労連からの脱退、国際自由労連への加盟と進み、更に翌年二月以降は国務省極東労働担当官サリバンの指導の下に我が労働戦線の主流は急速に右旋回して行ったのであります。朝鮮戦争をはじめるに当っての深い準備をここに見ることができるのであります。松川事件の歴史的意義は実にこのような所にありました」

また、松川事件の動機について、次のようにもいっている。

「この基礎の上にアメリカは朝鮮戦争をはじめ、またダレスの瀬戸際政策に代表される世界政策を極東においても打樹てることができたのであります。松川事件はその過程においておきた事件である。それが何人によって起さるべき必然性をもっていたか」と。

朝鮮戦争は翌昭和二五年六月二五日に勃発したのであるが、戦争の火つけ人たちにとって、戦闘的な労働組合が日本に存在することは、戦略上の大きな障害となることは当然である。特に補給基地日本の鉄道輸送の確保は重要な戦略の一つである。

そして、松川事件をおこすことによって、レール破壊の立案者たちは、計画どおり、日本の労働者たちを萎縮させることに成功した。それは、朝鮮戦争勃発直後、総評が朝鮮戦争を支持したことからも知ることができる。

元総評事務局長高野実氏は次のようにのべている。

「総評第一回評議員会は、全労連の解散と全国的な赤追放の中で、朝鮮戦争について、反米的態度を表面化させず、むしろ西欧陣営の側にたって、『三十八度線の復元と国連の基本的行動を支持する』と声明した。反共民同の〝かたまり〟が、西欧陣営になったことは当然であった。しかし、ここに反共と自由労連の旗で結集した日本の労働者大衆の偉大な〝量〟は、かれらの大衆的経験をつうじて、その〝質〟を高めずにはいなかった。すなわち、反共民同をして、その思想を変革さす条件の一つは、偉大なる〝量〟の統一行動にあった。たしかに反共民同勢力だが、大衆の成長とともに、総評は前向きとなり前進し始めるところにきた」（高野実『日本の労働運動』）と。

GHQの機構はどうなっていたか

アメリカの日本にたいする占領政策の転換について、どうしても見のがすことができないのが、GHQの内部抗争である。特に下山事件や松川事件などの謀略事件の場合は、事件をおこした理由の一つはそこにもあったからである。

大野達三氏は下山国鉄総裁が自殺を偽装されたことについて、GHQのGS（民政局）とG2（総参謀第二部＝情報・宣撫）との抗争をあげている。

「米情報機関の幹部は」「謀略技術上当然のことであるが、GHQの高官のだれにもしらせずこの事件を実行した。そして情報機関の上層部としては、この事件の犯人として共産党員の一団が検挙されることを期待していた。だが、この事件をおこした時、完全に一本で警察の指揮をとれる地方はなく東京でことをおこすうえから、この謀略にもう一つの特殊な工作、すなわち自殺として事件を葬ることのできる伏線を用意しておく必要を考えていた。とくにこの謀略は、被害者が日本人とはいえ、GSにおぼえのめでたい政府高官なので、GS、CIDその他のGHQ内諸機関やその指導をうけた捜査機関、内外の通信報道機関が必死になって事件をおい、その真相の一端がばくろされることを警戒しなければならなかった」（大野達三・岡崎万寿秀『謀略』）

この大野氏の分析が、そのまま庭坂事件や予讃線事件にあてはまることは、すでにのべたとおりである。松川事件は、下山事件当時とは状況もちがってきているので、一概に同系列視はできないのであるが、この内部抗争がもっとも端的な形であらわれたのが昭電事件であった。だが、それにふれる前に、GHQの機構についてのべなければならない。ふたたび大野氏の文章から借りる。

「GHQ・SCAPは巨大な、そして精巧をきわめた機構であった。……総司令官のもとに、民政を担当する一四局（セクション）がおかれ、この他に、必要に応じていくつかの顧問団、調査団などが編成された。この中でも、日本の国会、内閣、全官庁を直接、常時、総括的に統治した局は、GS（Government-Section＝民政局）であった。GSが全体を掌握し、他の局は専門的・技術的な側面で管理に参加するという構成である。たとえば農林省は、GSが国会および内閣を通じて掌握し、ESS（Economic & Scientific Section＝経済科学局）が財政面から、NRS（Natural Resources Section＝天然資源局）が農林行政面から管理に参加し、SRS（Statistics Reports Section＝統計資料局）が農林統計に関与するという具合である。法案の作成および修正と国会通過、政府および各官庁幹部の人事、制度の改革、追放令の作成および追放指定、解除などの重要な占領行政は、すべてGSの所管であった。だからGHQの中でも、GSのもっている権限は絶対なものがあり、事実上他のセクションの上部に位置していた。（中略）

だが、GHQの機構の中で、もう一つ重要な役割を果したものがあった。それは軍情報機関である。正式の名称をいえば、連合軍総参謀第二部で略号をG2とよび、極東米軍の情報・保安・検閲に関する最高の権限と責任をおっていた。どこの国の軍隊でも、この参謀部の指揮・命令関係は複雑であるが、GHQのG2は連合軍総司令官のれい下にあって、それをたすけながら、アメリカ本国の統合参謀本部および国防総省（当時）、陸軍省の参謀部の直接指揮をうけていた」（前掲『謀略』）

GSとG2の対立

このGSの政策とG2の方針は日本進駐当時からことごとく対立していた。

GHQは日本占領当初、GS局長ホイットニー、局長代理ケーディス、ESS局長マーカットによるGSの方針におさえられ、日本を民主化するにあたって、急速度に旧秩序を破壊していったものである。その政策によって、昭和二四年の総選挙には、日本共産党から三五名の議員を国会におくるまでになった。

この進歩的な政策を苦々しく思ってみていたのがG2であった。部長はチャールズ・ウィロビーである。G2は対ソ軍事戦略の立場から日本占領を考えていたのだ。それは、G2が日本進駐と同時に、ソ連関係資料を大本営参謀本部からはこびさったことからも知ることができる。大本営参謀本部は、満鉄調査部をかかえて、対ソ情報については、その権威をうたわれていたのである。

GSとG2のこの対立は、そのままアメリカ国務省と国防省の方針を反映しているわけであるが、それと同時に、GSには学者や弁護士などの民間出身者が多いのにたいして、G2が職業軍人、とりわけ諜報専門家によって占められているということにもその原因があった。

しかし、国務省の方針によって政策を実行しているGSに対抗するだけの勢力は、G2にはまだなかった。彼らは、第八軍れい下にある地方の軍政部、とくにCIC、日本の国家警察をにぎって、勢力の拡大につとめた。一方、公職を追放された元特高や、旧日本軍特務機関員や中野学校出身グループを組織して、対共産主義諜報謀略網をつくり、GS攻撃の機会を狙っていた。

旧内務官僚をあつめて、ゾルゲ事件の資料を整理し、一九四九年二月、アメリカ上院でそれを公開、「巻きかえし」の一つの資料にしたことは有名な話である。

G2によるGS攻撃の機会はまもなくあらわれた。「昭電疑獄」である。「昭電事件」については、松本清張氏の『日本の黒い霧I』にくわしいので、簡単にふれる。

森矗昶の二代目、森曉昭和電工社長以下九重役が、追放令によって退陣したのは昭和二二年三月だった。だが、それは表むきの理由である。そして、社長の椅子を襲ったのが部外者であり、日本水素工業の社長に就任して十ヵ月にもみたない日野原節三氏であった。

G2部長ウィロビーに信任あつく、「『お前は代表的な肥料会社の若い社長だ。お前の位置は孫子の代まで動かさないであろう』と囁かれて、有頂天」(三鬼陽之助『財界夜話』)になっていた森社長にとっては、まったく予想外のことであった。

当時のGSがG2よりも優勢であり、行政面についてG2が口出しできない状態にあったことがこれによってもわかるのだが、日野原氏はGSによってお膳立てされた人物であった。

昭電事件の発端となったのは、興銀の不正融資を調査していたGSが、森曉昭電社長とウィロビーとの関係を知ったことからであった。その年の二月に、GSは突然ESSのメンバーによって、昭電川崎工場の帳簿を調査し、前年の一一月からの使途不明の金を摘発して、森社長以下の退陣を強硬に要求したのである。GSにすればウィロビーの鼻をへし折ったわけである。

だが、あらたに昭電社長に就任した日野原氏が、社の再建のために日夜かけまわったことも事実である。彼は特別融資の便宜をはかるため、政界、財界に派手に金をばらまき、GS、ESSの高官を連日招待した。秀駒をひかせて杉並区和泉町に料亭をひらかせたのも、彼らを招待するためであった。

GSによって煮え湯を飲まされたG2が、これを黙ってみているはずがなかった。G2は国警を使って、森社長退陣と日野原氏の社長就任の中心的存在であるGS局長代理ケーディスを尾行し、鳥尾夫人とのスキャンダルをあつめ、また日野原氏の行動を徹底的に洗ったのである。もとより、G2はそれらの調査にCICも使ったであろう。

ケーディスにたいする尾行問題では、彼が斉藤昇警視総監に抗議し、藤田刑事部長が皇宮警察に左遷されるということもあった。

一方、吉田茂を支持するG2は、民自党に資料をわたして、高橋代議士が「昭電問題調査要求書」を四月二七日に国会に提出、警視庁もようやく表立って動き出すことになったのである。

だが、これはあくまでも表面のことであって、昭電事件が表面化したのは外国通信による逆輸入の形式をとっていた。

当時、報道関係を統制していたのはGSであり、直接日本の新聞に報道することができないことを知っていたG2は、丸の内常盤屋の前にあるコレスポンデンス・クラブで日本人側から、外国報道関係者に、GS・ESSの高官が関係している昭電の情報をながしたのである。

それはUPやAPの通信網にのって、ニューヨーク・タイムス、ニューヨーク・ヘラルド・トリビューン、シカゴ・トリビューン紙に掲載され、それが日本の新聞に逆輸入されて騒ぎ出し、警視庁も腰をあげることになるのだ。G2としては、日野原氏が問題なのではなく、そこに介在するGS、ESSが問題だったのである。

このために、芦田・西尾連立内閣が倒れ、かわって吉田首班が実現するのだが、ホイットニー、ケーディスもまもなく失脚させられることになるのである。

日本の汚職史上、昭電事件はGHQの内部事情を反映している点で、他に類例のない汚職事件であるといえる。この事件を境にGSはG2の勢力に圧倒されはじめ、さきにのべたロイヤル陸軍長官が演説した昭和二三年一月ごろには、GHQはG2の方針によってリードされていたとみてよいであろう。しかし、G2としても、いつケーディスたちに足をすくわれるかわからない状態であったことは、翌年におこった下山事件ごろまでひきつづきかわらなかった。

だが、庭坂事件や予讃線事件の場合は、地方軍政部やCICがG2に掌握され、比較的GSの手の届かない場所であったことが、福島県と愛媛県という、中央から離れた場所をえらんだ一つの理由でもあったと思われる。もとより、昭電事件以後の一連の謀略事件は、G2のGSにたいする巻きかえしばかりではなく、アメリカ国務省にたいする注意喚起と、朝鮮戦争の準備のために、日本の労働者階級を圧殺する目的があった。後にのべるように、これらの事件のために、アメリカや日本の独占資本がいかなる利益を得たかをみればあきらかなことである。

第六章　目撃者

MURDER WILL OUT（殺人はばれる）

昭和二七年六月中旬のことである。東京京橋局一一日の消印で、英文タイプ三枚の文書が、主要な労組、新聞社、弁護士あてに配達された。

それは『MURDER WILL OUT』（殺人はばれる）と題したもので、帝銀事件、下山事件の犯人は日本人ではないことをのべ、松川事件についても、次のように記載されていた。

「さらにまた一般に松川事件と呼ばれている有名な列車顛覆事件についてもアメリカ人が責任者であることは疑うべくもない。

これには目撃者が一人いた。彼はたまたま脱線の現場付近を通りかかったとき、約一二人程の米兵が枕木からレールをはずしているのを見た。彼はそれを見て、一体何をしているのだろうかとちょっと不審を抱いたが、多分レールの検査か修理をやっているのだろうと自ら納得し、大して驚きもしなかった。

ところが、この仲間に加わっていた一人の日本人が彼の跡をつけて来て、わが家の戸を開けようとするところを、うしろから日本語で呼びとめた。

この男は彼に向ってその夜見たことを他人に口外しないようにと告げた。『口外するとアメリカの軍事裁判にかけられる』とその男は警告した。もちろん彼は、それが何のことだかまったく理由がわからなかったが、ただ『言いません』と答えた。

翌朝になってはじめてわかった。彼はこの顛覆事件について不安を感じ、胸が静まらなかった。とくに、労働組合の指導者に嫌疑がかけられていることを新聞で読んだとき、ますます恐ろしくなった。

それから五日後、一人の見知らぬ男がやってきて、彼に福島のCICの事務所の位置を記した地図をみせ、『明日此処へ出頭して下さい。話したいことがあるそうだから』と告げた。

この目撃者の名は渋川村の斎藤金作といった。彼は本能的に投獄されるかも知れないと感じ、その恐怖はさらに増した。そこで彼は自分の家を逃げ出し、横浜で三輪車の運転手をやっている弟のもとに身を寄せた。そして彼自身も三輪車の運転手となった。

しかし、彼が三輪車の運転手になって二ヵ月後、一九五〇年一月一二日彼の行方はわからなくなった。彼が姿を消してから五日後、三輪車を見つけた警官が弟のヒロシのもとに三輪車をとどけて来た。車体にペンキで描かれていた住所によってわかったのであった。

失踪して四〇日あまりの後、三月になって、ヒロシは彼の兄の死体が入江に浮いているのが見つかったと聞かされた。ヒロシと金作の家族は死体を確かめに行ったが、そのときはすでに火葬にされていた。金作の家族は検死の結果をつぎのように知らされた。『傷を負ってはいなかった。右手は手袋をはめずに外套のポケットに突込んでいた。胃の中にはアルコール飲料が残っていた。腕時計をはめていた。金は持っていなかった』と。また、泥棒に襲われたのではないだろう、死ぬときには大してもがいていないことが検死の結果わかる、『多分酒に酔って、入江に落ち込み、心臓麻痺で死んだろう』と、このように彼らは聞かされた。

彼の死体が発見された場所は三輪車が発見された位置からはるか遠く距《へだた》っていた。検死はクリークに四〇日間浮んでいた場合にあり得る状態とはまったく相違する状態を示している。

数日後、見知らぬ男がヒロシを訪ねて、名前も言わずに金一〇万円を置いていった。彼はただ一言『兄さんの御不幸については何も言わないがいいですよ』と告げた。

ヒロシは悩み苦しんだ。何者かに追われるかのように、横浜市磯子区森町から同市南区中村町に引越し、やがておしまいには故郷の田舎に帰ってしまった。彼は現在そこで暮らしているのだが、不安と恐怖にせめられて悪夢のような日々を送っている」

糸引いて谷間の夜汽車夢に浮き

この文書に接した松川対策協議会が、事実を確かめようとしたのは当然である。調査結果について、同協議会発行のパンフレット『真犯人は誰か』は次のようにのべている。

「調査したところ、はたして金作さんは実在の人物で、右の英文書の筋書きのような経路をへて、死んでしまっていることがわかった。しかし明らかに事実とくいちがう幾つかの点もあった。それは、

㈠ 金作さんの横浜移住、行方不明、死亡年月日がそれぞれまる一年早くなっている。
㈡ 博さんは死体引上げを手伝っている。
㈢ 博さんの引越しは中村町から森町へである。
㈣ 見知らぬ人が十万円を口止め料に渡したというのは嘘である、など。これは博さんが、当時、松川事件対策委員会の小沢氏に語ったことである。

このような誤りがあるにしても、なおかつ私たちが、この文書をインチキなものとしてしりぞけてしまうことができないのはなぜだろうか。それは、これより三ヵ月後の九月二〇日すぎに、前年の暮からアメリカ諜報機関（キャノン機関）に一年余りも不法監禁されていた鹿地亘氏の行方不明事件を明るみに出し、鹿地救出の世論を喚起した第二英文怪文書があるからである。両者はスタイルも似ており、出所も同じではないかとさえ思われる。それならこの英文書もやはり真実の一面を正しく伝えているのではあるまいか。

英文書は、松川事件顚覆作業の目撃者として金作さんをあげ、それ故に彼は明らかに消されたのだと主張している。

また死体の状態から推定して四二日のうち何日かは生きており、（つまり監禁され）、それから殺されたのではあるまいかという疑問を投げかけているのである。もしそうだとすれば、大変な問題である。被告たちの無実は一ぺんに明らかになるし、真犯人についても具体的な手がかりをつかめることになる。

残念なことに、私たちは、もはや金作さん自身に語らせることはできなくなってしまった。だが、彼の身辺には、それらしい言動はなかっただろうか。

金作さんは、明治四一年、福島県に生まれ、小学生の頃、両親とともに満州にわたった。太平洋戦争中兵隊にとられたが、終戦と同時に浮虜としてシベリヤで暮し、一九四八年（昭二三）九月、つまり松川事件発生の一年ほど前に、いわゆる「筋金入り」となって引揚げ、妻アサイさんの実家がある渋川村に住んでいた（この家は、松川駅より上り一つ目の安達駅へ向かって、歩いて三〇分程の線路わきにある）。

彼の生活は相当苦しく、かつぎ屋や、駄菓子の卸売りなどをしていた。友だちも少なく帰還者同盟の仲間や、共産党員位のもので、精神的に淋しかったようだが、唯一の楽しみを、満州時代からよくしていた川柳にもとめていた。

松川事件の年の一一月に発足した福島川柳社の同人として、創立の時から、彼が福島を離れる時まで、一回も欠かさず句会に出席、川柳に興じた。今、私たちの調べによって、彼の遺した句を百句余り見ることができる。その中に、私たちにとって事件との連想なしには読めない幾つかの句があることに気づくのである。

搾取するものなま白き魅惑持ち

ハムレット死は現実の幕をとじ

○自殺する迄の気持を知る暗さ

○首やっとつなぎ真綿でしめられる

淋しさに別れてひよわな趣味に生き

○バラバラに骨はずされて夢が醒め

○宿命の試練に泣く日笑う夜

これらは専門家の意見によって彼の個性をもっともよくあらわしていると思われるものを取り出したのであるが、○印をつけたものや、このほか「一人寝の恐怖ドアーの蔭の声」「糸引いて谷間の夜汽車夢に浮き」などの句は、事件にかかわりあった彼の苦しみの表白ではないだろうか。

そのころのことを博さんは次のようにのべている。「兄は日頃共産主義を礼讃し、帰国後入党していた。……松川事件の公判にも興味をもち、傍聴したこともあり、『松川の被告はシロだ』といっていた」(『週刊朝日』28・11・29号)。妻のアサイさんは「物事をかくしてておけるような人じゃありません。……近所の皆さんと寄合って一杯飲んで、『松川の被告は無罪だ』なんて気焔はあげても『列車顚覆を見た』なんてことを聞いた人は誰もいません」（同）と語るのである。そして私たちにも、当夜は家にいたと断言している。しかし、金作さんから直接、そのことについて話をきいた人は誰もいなかったのだろうか。

金作さんは一九五一年（昭二六）一一月半ばごろ、妻子をおいて横浜に出ている。これは福島にいて一日二〇〇円の収入ではどうにもならんというので、博さんの妻の弟が横浜から、輪タク屋をやらないか、といってきたのを機会に、知友にあいさつをした上、兄弟二人で出かけたのであった。しかし、英文書にあるように「恐怖はさらに増した。そこで彼は自分の家を逃げ出し……」という表現は当らないにしても、そのような動機が彼の心の中に全然なかったとはいいきれない。というのは、横浜の前記山口さん方に落着く前の日、上京のついでに、わざわざ都下昭島市に住む安斎金治さんをたずね、いろいろなことを話して一夜を明かしたことがあったのである。その時のことを回想し、安斎氏は次のようにいっている。

「私は斎藤さんが五つか六つのころから知っているのですが、横浜にゆくまえに私をたずねてくれました。あの事件は共産党がやったなんていうことはない。証人になってもいいといっていました。『夜おそく現場をとおったら、人がたくさんいた。横道へ行ってみたら引上げるらしかった。背の高い人間だった。そのことがあってから、しょっちゅう警察のものがきた。事件を知っているのは私一人だから、いわせまいとしてつけまわすらしい』ともいっていました。その後、斎藤氏を横浜にたずねたら三輪車の運転手をやっていましたが、そのとき警察が呼び出したりしてうるさくてしようがないといっていました……」（33・7・16『アカハタ』）

そして金作氏は殺された？

松川事件の直後、現場周辺一帯は、官憲の横暴な調査活動と、あれは共産党のしわざであるという意識的な宣伝のために、現場に近ければ近いほど、さわらぬ神にたたりなしで真実についての口は堅くとじられていたというのが実情であった。金作さんも当然しらべられ、また、福島のＣＩＣ（諜報部）には、その前からもたびたびよばれていたことがある。

生活のたて直しを期し、家族をおいて上京した彼は、さまざまな問題をかかえて、在満時代親しくつきあっていた相談相手の安斎さんをたずねたのであろう。そして松川事件についてうちあけたとすれば、今まで誰にもいわなかったそのことこそ、もっとも相談したかったことではないだろうか。

しかし、それからまもなく、彼は（中略）変死をとげてしまったのである。

英文書による指摘ばかりでなく、以上の調査からも、私たちは彼の変死を、そのまま単なる溺死として片づけることに疑問を抱かないわけにはゆかない。その点を考えてみよう。

死体発見時の模様を博さんは次のように語っている。

「五日たち六日たっても行方不明なので、一週間目に捜査願いを出した。二週間目に輪タクだけ見つかった。これは川端にすてられていた。四十二日目に死体が上った。車の棄てられていた現場から一キロ以上離れていたところだった。……戦闘帽をかぶった後頭部がわずかに水面に出て、顔はうつぶせに、身体は立った姿勢のままクリークに漂っている。冬だったが、掌などはいくらか腐爛していた。傷はなく、検査の結果、胃袋にアルコールが残っていた。ズボンの前のボタンが外れ、右手袋をとっていた。懐中時計はそのままだったが、財布は見つからなかった」（前掲『週刊朝日』）

また、藤井安雄氏（検死医）は「金作は溺死です。そう思って少しも疑わなかった」（同）といっている。右手袋をぬぎ、ズボンの前ボタンが二コともはずれ、外傷がないし、さらに外から肺を叩いてみると、肋膜に水がたまっている音がするので、なれた医者として、すぐ、不慮の溺死と判断したのであろう。しかし「胃の中にアルコール分が検出された」という事実はないことを藤井氏は最近もいっておられる。解剖をしなければ、できないことだからである。したがって死体が四二日たったものであるかどうか、つまり法医学でいう死後経過時間の測定も、しないで済まされてしまったのである。

水死体の死後経過時間の測定は一般にむずかしいとされているが、越永博士、村松両氏が、都内四五九例の水死体から得た測定表をくらべても、彼の当時の死体の状況は、四二日たったものにしては、それほど腐爛していないことがわかる。彼の場合は頭髪の脱落、頭蓋骨骨頂の露出ということもなかった。ブクブクと水ぶくれしていたが、掌などがいくらか腐爛していただけであった。藤井氏も、「二週間位の死体ではなかったかと思う」と最近もいっている。「四二日も堀に漂っていたにしては、黒い帽子をかぶったままだったのは変な気がした」と博さんも語っている。

また輪タクの捨てられてあった場所と死体発見の場所は、一キロメートル以上も離れ、しかもその二点を結ぶ堀は、真直ぐではなく、鋭角に曲っているのもおかしなことである。ここの堀は流れというものがなく、一キロも移動することは考えられないからである。

彼の死は、依然として私たちの前に多くの謎を秘めたままである。彼が、川上三太郎氏の特選に入り生前愛着をもっていた自作の句「宿命の試練に泣く日笑う夜」を焼きつけた遺愛の湯呑みは、今もなお仏前を飾っている」（松対協『真犯人は誰か』）

長い引用になったが、安斎氏の語るように「そのことがあってから、しょっちゅう警察のものがきた。事件を知っているのは私一人だから、いわせまいとしてつけまわすらしい」と斎藤金作さんが語ったのが事実とすれば、捜査当局には、斎藤金作に関する捜査復命書や供述調書があるはずである。

だが、差戻審で裁判長から提出を勧告され、検察側が提出した七〇〇通にのぼる捜査復命書のなかには、斎藤金作さんに関するものは一通も存在しないのである。しかも、当時、捜査担当者たちは、松川一帯の民家をしらみつぶしに当っている。斎藤金作さんだけが例外であるはずはない。おそらくは、警察か、あるいは検察庁で斎藤金作さんに関する調査や捜査復命書を隠匿し、あるいは隠滅したのであろう。捜査の報告はどんな些細なものにいたるまでほん訳して米軍に報告しなければならなかった当時のことを思い出していただきたい。しかし、軍政部、CICはG2の線である。真犯人に関するものが、米軍を示唆するものとつながりを持つものであったら、それはただちに捜査中止か、あるいは米軍にも提出されずに捜査当局の倉庫の奥深く隠されたものとみてさしつかえないであろう。検察官もまた、差戻審の公判廷に捜査復命書を提出するに当って、注意深くそれを引きぬいたとみるべきではないだろうか。

真犯人を指向する当時の資料は決して、斎藤金作さんに関するものだけでなく、もっと多いはずである。そうした書類を国民の前に公表しないかぎり、捜査当局にたいする国民の不信の念が晴れることがないのも事実である。

ともかく、斎藤金作さんがみた真犯人たちは、安斎氏の言葉によれば「背の高い人間」だったのである。

だが、一群の背の高い人間たちをみたのは斎藤金作さんだけではなかったのだ。

その夜九人の大男に会った

事件当夜、前の晩にひきつづいて大槻呉服店の破蔵をこころみて失敗した、平間高司と村上義雄という二人の男があったことは前にのべた。この二人もまた「背の高い」一群の男たちに会っている。それは、斎藤金作さんが目撃したという男たちと同一人物たちであったと思われる。

差戻審第一九回公判で、村上義雄証人は、後藤弁護人の質問に次のように答えている。

「問　あなた、あの汽車がひっくり返った時にですね、どこにおりましたですか。

答　汽車のひっくり返った時には、その事故現場から約五〇メートルぐらいあるかと思いますが、その小さい踏切から左へ回って阿武隈川にそったほうに行って、畠と山の間に麦のこの束カラですね、そこに休んでおったです。

問　その事故現場から五〇メーターばかり行った道というの、どっちの方向ですか。

答　それは事故現場から。

問　金谷川の方向ですか。松川の方向。

答　松川の方向に向って。

問　そこから今度は。

答　左へ曲って。
問　松川の方向に向って左に。
答　そうです。
問　左に曲ってどのぐらい離れた距離ですか。
答　どのぐらいって別に測ったこともありませんが、わかりませんが、大体三〇〇メートルぐらいあるかと思いますね。」
「問　あなたがですね、その人達に会ったというのは、あなたが汽車がひっくり返った音を聞いた前ですか、あとですか。
答　前です。
問　それは時間、どれくらい前ですか。
答　時間という記憶ありませんね。
問　大体でいいんですけれども、もし記憶にありましたならば。
答　二、三〇分ぐらいたっているかと思いますがね。」
「問　じゃ続けて下さい。
答　それで平間君と別れて、平間さんは家に帰る、私はそこから山越えてはたけを越えて、たんぼに出て、鉄道目あてに鉄道へ出たんです。それでもう自分も安心して夜も遅いから人通りはないと思って、鉄道で一切の支度変えをして、そしてこれから家に帰ったらいいか、それとも友達の所へ行って回るかと思って、そこでちょっと思案してたばこを一服すって、すった時ですね、マッチをすった時ですね、三人の人がすぐに来られたんですね、自分もそれあまり足音が静かだったもんですから、自分も驚いてしまって、すぐ上りに向って右側の線路の横へさっとよけて、時にその三人がぴっと私のそばまで来て止まって私の所をじっとにらんでおったですね。私もこれスネに傷ある人間だからびっくりしてにらんでおったら、その人、私東北弁まる出しで、お晩でございます、といったらば、今晩は、といっただけで何もていこうもせず、静かによけて行ったですね、それと同時に間もなく六人が今度来て、こいつもやはり足一回停めて、私もその通りれいに言葉をかけて、先の三人では私は別にはっと思ったけれども驚きもしませんが、あとの六人は続けざまに来たために自分としては、これは村の警防団に相違がないと早がってんしてしまって、向う倒すか、自分が倒されるか四苦八苦でもこれは逃げなくてはならないという頭で、もう目離さず見ておったら別にかかる気配もないので、自分もそこでほっと安心して、そこで通り違って間もなく、自分はもうこれじゃ家にまっすぐこのまま帰ったんでは、これは途中でつかまるおそれがあるので、そこですぐ方向転回してその踏切からアブクマ川に向って夜の明けるまで、これは動かない方が安全とみて、そのワラ束の所に私はもぐり込んだんです。

問　で、あなたの会った人達の服装なんか覚えていますか。
答　服装というと、こういう白いワイシャツは全然もとめておらなかったですね。
問　背かっこうなんかは。
答　で、背かっこうは私よりもからだは大きいと思ったんです。
問　あなたは背どのぐらいありますか。
答　五尺五寸ぐらいあります。
問　あなた今服装とかですね、背かっこうなんか……その前にちょっと、何か持物持っておりましたですか。
答　全然もっておらなかったですね。
問　その人達は持っていなかったということですか。
答　そうです。
問　あなた、今その会った人達のですね、服装だとか、背かっこうだとか持物なんか割に覚えていらっしゃいますが、あのどうしてそういうふうに覚えていらっしゃるんです。
答　ただ私は夜歩く場合は色物のワイシャツとか、あるいはまた国防色のワイシャツを着て夜歩ったもんです。夜はもちろんはき物はズックだったんです。ですから向うの方も白いものだらば線路のわずかきり離れていないんだから、着るもの白いんだか、黒いんだか、白いんだらすぐ目立ったんですが、どうも国防色のシャツか、黒いシャツか色物のシャツかそれはっきりはわからないんです。ただ自分はその時はただ取り囲まれてつかまるんじゃないかという、それ一方の考えきりその時は持っておらなかったです。

問　あなたはですね、その人達に会ってから、踏切から松川に向かっていうと左側のほうにはいったと、こうおっしゃいましたですね、さっき。

答　はい。

問　それで、それからどうしたんですか。

答　それから、そこでもうここだらば夜の明けるまで人目につかないだろうという自信持って、そこでたばこへ火をつけて手拭で火をもれなくしてたばこをすって間もなくだったと思いますね、汽車が、上りの汽車か下りの汽車かそれは自分はわからなかったです。そういう所へもぐっておったから、汽車が来たなと思っているうちにその音を何という音というかね、山と山へひびいてゴーというそのものすごい音だったですね、それでじょう気のパイプが破れつしたか、それともあそこは上りになっているからスリップでもしたのかなと思ったけれども、それ以上はあと音はしなかったです。

問　それからどうしたんですか。

答　それからどのぐらいたったでしょうね、カネがなったので私はもうなおさらびっくりしてしまって、これは村の人が、あの会った方が、九人の方が、どの方か金谷川の駐在所にこれはあやしい人が線路で通ったとか、なんとかいって教えたために、これは山がりを始ったのかなと思って自分はいっそうそこでじっとしておったです。そのうちに何の気配もないが、夜がちらちら明けるころだったと思いますが、村の青年、娘さん達があわただしく行ったり来たり、行ったり来たりするから私はその道の上の山とはたけの間におったわけです。ところがあまりにも騒しいので、いよいよもってこれは村の人が山がりを始まったなと思って、ゴミの中からそっと首を出した時に、別に警防団でない女だというのわかって、私ももうこんな所にいつまでもいたんではあやしいと思われる。不審尋問でつかまったんじゃ困ると思って、私はチリ払ってすぐ道へ降りて、そしてそのある娘さんに聞いたら、姉ちゃん夕べ火事か何かあったんですかって聞いたら、いやそうじゃない汽車ひっくり返ったの見に行ってくるんだというから、どこへひっくり返ったですかと聞きましたら、どこだかわからないけれども線路さ行ったらわかるべ、というから私もまさか、私その九人に会った現場で汽車ひっくり返ったということは全然行って見るまではわからなかったです。そして山を下ってさか道降りて行ったらば相当もう人がおったですね、それでそこ見物して家へ帰ったわけです。

問　現場の状況はどんなようになっておりましたか。

答　現場の状況はもう人で、村の人からいろんな人がたくさんおって、そばまで行く余地がなかったから、とおくから見ましたが、その時に見物中の農家の方だと思いますが、あれじゃ汽車ひっくり返るの無理ない、線路はずしてしまってないんだから、あれじゃ無理ないというような話聞いたです。」

飯ザカ温泉はどの方角かな？

また、九人の男に会ったときの模様を、大塚弁護人の質問に次のように答えている。

「問　これは念のためにうかがうんですが、その九人というのは金谷川の方向に向って歩いて来たと、こういうことになるわけですね。

答　そうです。

問　で、そのあなたが驚いて立ち上がって、それから最初に来た三人も何か立ち止まったということでしたか。

答　そうです。立ち止まったんです。向うが立ち止まって私をじっとにらんで、あのままだまってすれ違えば、私はああこれは村の人か、どこかヤミ屋さんかなと思って、私も安心してすれ違ってしまったんだけれども、向うで止まってじっとにらんでおったために、私はてっきりこれは自分を包囲して、これはつかめにかかったと、そうがてんしてしまって、私もここに切り出しの刃渡り五寸ぐらいの持っておったですから、カバンを左にしたがって、右へそれ持ってかまえて、ゆっくり目放さないでおったんですね。
問　しばらくにらみ合い。
答　しばらくではなかったんです、わずかです。
問　それからさっきのような経過ですね。
答　そうです。六人の方もじっと止まってね、じっとにらんでおったが、この六人の方も別にとびかかってくるわけでもないしね、それで五間、六間ぐらい離れるまで、私は絶対目放さなかったんです。いつうしろから前からとはさみ打ち喰うかわからないと思っておったから、全然安心するまでは目放さなかったです。
問　それで、その三人と六人の人達はあなたとすれ違う前はもちろん、無言で来たわけですね。
答　そうです。
問　すれ違ってからあとにもあいさつを。
答　ゆっくりとこうすれ違って、ゆっくりと向こうも歩いておったがね、私も心はうんとはやったが、この人達とおざかるまでは、ゆっくりと落ち着きをみせておったもんですから。
問　あやしまれないように。

答　はあ、その時六人のうちですね、何番目の人が声をかけたかそれは暗いためにだんだんとおざかったからわからなかったですが、飯ザカおんせんはどの方向かなということをどなたか話しておったね、その時先頭きっていた方だと思うんですがね、飯ザカおんせんはどうでこうでということを説明するようだったね。

問　その飯坂温泉のうんぬんという言葉のやりとりも、普通の標準語といいますかね、そういう話でしたか。

答　東北弁では全然なかったですね。」

二人が、一二時ごろ、時間待ちしていた金谷川小学校の東裏の小高いところを出発し、六、七けん物色したが、結局失敗してふたたび同じところに戻って来たのが二時であったことは、前にのべた。そして、二人はそこで解散したものの、平間は三、四〇分間二、三げんを物色して、またも同じ場所にもどってきている。

男たちは急ぎ足で通りすぎた

村上義雄と別れた後の行動について、平間高司証人は、差戻審第一八回公判で、岡林弁護人の質問に答えている。

「問　あなたはどうされましたか。

答　私は別れてから少し考えました。せっかく来たものですからどうも、その何といいますか。

裁判長　せっかく来たから、その次が聞こえません。

答　それは私がひとりで考えたことなんですが、せっかく来たものですから、どうもしゃくだというふうな気持で、私がひとりでその付近の道路ばたに一けんあってそれから二けんばかりちょっと離れたところに農家があるんです。そこを私がひとりで物色しました。

岡林弁護人　そこで何か取りましたか、取らないままですか。

答　品物は取らなかったです。

問　二けんばかり物色したわけですか。

答　二けんか三げんあったと思います。

問　それからどうしましたか。

答　それから二時に別れたんだからおそらく三〇分か四〇分ぐらいひとりで歩いたというふうに考えました。時間もおそくなるし、これじゃしょうがないと、夜が明けるというふうな考えでまたもとの道をもどって。

問　どこへもどってきたんですか。

答　別れた場所へもどってきました。

問　そのおりはもう村上さんはおりませんでしたか。

答　おりませんでした。
問　だれもいなかったんですか。
答　だれもいません。
問　それでどうしましたか。
答　それで、大きい道へ出て、それから山道へはいり、はいって大体、まあ、四、五〇メートルぐらいはいったところで相当大勢のこの人が来る足音といいますか、気配といいますか、しましたもんですから私が右側のちょっと木立山へ一〇メートルばかりはいって背をひくくして、何といいますか、かくれました。
問　その人の来る気配をしたというのはあなたのうしろのほうから人の来る気配がしたのですか、前のほうから人の来る気配がしたのですか。
答　前からです。
問　前のほうは高くなっておりましたか、ひくくなっておりましたか。
答　前のほうは高くなってます。
問　その道の幅はどのくらいの幅がありました。
答　大体二メートルぐらいの山道です。
問　あなたがその右手へ一〇メートルばかりはいったといわれるほうは、そちら側は高いんですか、ひくいんですか。

答　いくらか高くなっております、右手は。
問　左手はどうでした。
答　左手はくさ原でもってあまりかくれるような場所がなかったように記憶しております。
問　その右手へはいって見ておったら、その人の来るような気配の、気配はどうなりましたか、来ましたか。
答　来ました。
問　で、あなたに気付きましたか、気付きませんでしたか。
答　おそらく気付かなかったと思います。
問　それは通り過ぎましたか。
答　通り過ぎました。
問　足音は大きい足音がしましたか。
答　あまり大きい足音はしなかったです。
問　で、服装はわかりましたか。
答　相当暗い晩でしたもんですから、服装ははっきりわかりませんでした。
問　白いものを着ておりましたか。
答　白いものを着ているようには思いませんでした。

問　白いものならばわかる晩でしたか。
答　大体一〇メートルぐらいですから真白の場合にはわかると思います。
問　何人ぐらいでしたか。
答　大体ひとりひとり数えたんではないんですけれども、七人か八人ぐらいと私は思いました。
問　大きい人ですか、小さい人ですか。
答　普通の人よりもだいぶ大きく見えました。
問　で、それは男か女かはわかりませんでしたか。
答　わかりません。
問　あなたは何だと思いましたか、その人びとを。
答　私は前の晩に、一五日の晩にやっぱり金谷川の小学校の前にありますオオツキご服店の倉破りを三人でやりました。それがために警防団の張込みかと思ったんです。
問　警防団の張込みとそのあともずっと思っておりましたか、そのおりとっさにそう思ったんですか。
答　とっさに思ったんです。
問　何か持っておりましたか。
答　手には何も持っておりませんでした。

問　それは確かめてみたんですか。
答　手のほうだけは確かめました。
問　それでそれからどうしましたか、その人たちは何事もなく通り過ぎて行ったんですか。
答　そうです。何もいわないで通り過ぎました。急ぎ足で通り過ぎました。
問　急ぎ足で。
答　そうです。
問　それからちょっと質問かえます。その人たちが通って行った先はどうなってるんですか。その道は知っておりますか。
答　がい略わかります。
問　どういうようなところに通じる道ですか。
答　四、五〇メートル行きますと金谷川の学校の校庭のわきから、それから松川駅の、松川駅から出ますあのカワマタ県道に通じるだいたいトラックが通るくらいの道路があるわけです。その道路へすぐ出るわけです。」
平間証人は、東北線から、つまり顚覆現場とも通じる道であることも証言している。
「問　それからその七、八人の人々が通って行きましたね。それはあなたと、まあ反対の方向から来たというんですが、それはどちらから来る道なんですか、その道は。

答　道らしい道はないようでしたけれども、だいたい現在では旧国道、あの当時国道です。国道からもこれるし、それから線路のほうからもこれるようになっております。
問　線路というのは東北線ですか。
答　東北線です。」

一〇年間の〈二人だけの秘密〉

以上にのべてきた村上、平間証人の証言を整理し、総合すると次のようになる。

(1)　二人が金谷川小学校の裏の小高い丘で別れたのは二時（時計は村上証人が持っていた）、それから三〇分近い後に村上証人は三人の背の高い男に出会い、続いて六人に会った。それは、顚覆現場から二〇〇メートルぐらい離れた場所であり、彼らは現場から金谷川の方に向って歩いてきた。それから、一〇分程後に、平間証人は、線路の方から、陸羽街道と川俣街道の交叉点の方向に歩いて行く七、八人の男たちに会っている。二人が会った男たちは同一人物たちであったと思われる。

(2)　男たちは手ぶらで、ズックのような音のしないはきものをはいている。白いワイシャツではなく、色物であり、五尺五寸はある村上証人よりも、みな一様に背が高い大男たちだった。

(3)　「今晩は」「飯坂温泉はどの方向だろう」といった男たちのアクセントは東北弁ではな

く、しかも土地者ではない。

(4)　村上証人に行きあったときの、彼らの態度から考えられるものは、「異常な雰囲気」であった。

この一団の男が、もしも真犯人だとした場合、平間、村上両証人が会ったのは、線路の破壊作業が終了した後ということになる。しかし、ここで疑問として残るのは、彼らが手ブラであったことである。

たしかに、破壊作業に使用したと検察側が主張するバールとスパナは、当日朝、現場の稲田から発見されたけれども、スパナは使用にたえないものであったことは実証ずみであり、ハンマーも使用した痕跡があったことから、そのハンマーはどうしたかという疑問である。これについては後でのべる。

もう一つの疑問は、村上、平間両証人が、被告たちが死刑をふくむ重刑をかけて裁判しているのに、なぜ差戻審にいたるまで、一〇年あまりも沈黙していたかということである。二人は、彼らが真犯人だと信じていたし、あのなかには「赤間のような未成年者」はいなかったことを知っているからである。

二人が、弁護人側証人として出廷するまでのいきさつについては、松川対策協議会発行のパンフレット『闇に消えた九人』がくわしいので、引用させていただく。

「土蔵破りに失敗した夜、思いもかけず異常な体験に出会った村上は、それから三日後、松川に平間を訪れた。

十六日の夜、山で別れた時たとえ捕っても一人で責任負うことにしようと固い約束を交した二人だった。だから松川駅前の大黒屋食堂で会った時、平間は村上の無事を喜び、あれから誰にも会わないで行ったかね、とたずねたのだった。イヤ実はこういうわけだと村上が線路で九人の男に出会ったことを話すと、そうか君もか俺もなんだと平間は不思議の暗合に驚き、あの晩の話に花が咲いた。村上は、どうもあの九人が不審でしようがない、普通の人だったら、俺とすれ違う時、むこうで足をとめてジッと見るというのはどうもおかしい。あの人たちが汽車にイタズラしたんじゃないかと俺は思うんだ、と興奮した口調でいいかけると、平間はそうかもしれない、だけどウッカリしたことはいわねえ方がいい。そいつをしゃべると自分の方もバレるんだからナと村上を抑えた。村上にしても夜の仕事は場数を踏んでいる。こいつがバレればまた二、三年はよけいくらいこむのは知れていた。絶対こいつだけは口外すまい——二人は固く約束した。この広い世の中に、これはたった二人だけしか知らない秘密だった。あまりにも重大なこの秘密のカギは、それから十年、村上、平間両人の胸の底にしっかりとしまわれていたのだった。

あの事件から数ヵ月ほどたった昭和二十四年の暮、村上は偶然、福島の拘置所で松川事件の被告たちに会う機会を持った。事件当時保釈で出ていた（註、二人が知り合ったのは昭和二四年四月福島拘置所の隣り合った監房のはめ板の隙間を通して知りあった）村上は、その後間もなく裁判で刑が確定して仙台刑務所に服役中、たまたま友人の証人になるため福島拘置所に二ヵ月ばかり移った折に、向かい側の房に被告たちが拘置されていたのだった。

当時十九歳だった赤間被告は、まだ小さく子供っぽかったし、本田昇・高橋晴夫被告も小柄だ。それをみて村上は、こりゃ違う、あの晩の九人にはこんなちっこい体つきのはいなかった——と思った。——この人たちは絶対やっていない——村上はそう信じた。しかし、それは口外できないことだった。もし口に出せば何のために夜遅くその場に行き合せたということから、自然土蔵破りの一件まで白状しなければならなくなるからである。村上は被告たちと「そのこと」については何も話さぬまま別れた。

そして十年の月日が流れた。

戦後の混乱期に、芳しからざる方面に生活力を発揮していた村上、平間も、そのことがあってから間もなく夜の仕事からサッパリ足を洗って、まともな生活に立ち返っていた。

昭和三十四年四月、村上は県会議員選挙に立った二本松の平川好秋という社会党の候補者の選挙運動を頼まれた。二本松のクリーニング屋をしていた二階堂極と村上は旧知の間柄であり、極の弟が平川の選挙運動員だったからだった。

さっそく出かけてきた村上は、二階堂とあいさつもそこそこに、何はともあれ久しぶりで一杯飲もうという話になった。村上も相当いける口ではあるが、この時は何しろ心ゆくまで飲もうということで始めただけに、小料理屋のチャブ台の上にその夜は何と七十本もトックリが並んだ。

この夜は酒に強い村上もスッカリ酔っぱらってしまい、何をしゃべったのだか全く記憶がなかった。しかしこの時村上は、酒の酔いの中で、十年前からかくしつづけてきた重大な秘密のカギを開けてしまったのだった。話のキッカケは松川事件被告の保釈の問題であった。当時最高裁の最終判決を前に、世論の昂まりによって、死刑の宣告をうけた四人の被告の保釈が決まろうとして世の話題となっていた時であった。」

酒が開いた〈秘密のカギ〉

この時の模様を、差戻審第一九回公判記録によってみよう。

「これは二本松のある私と本当の仲のいい友達と、ある料理屋で二人して酒心ゆくまで飲もうというわけで七十本ぐらい飲んだと思います。その時に飲んだいきおいで私もあまりにもめいていしてしまって自分は何をいったんだか、酒さめてから友達に教えられてわかったんですが、全然それがわからなかったんですが、友達いうには、君その松川事件の話この間言ったろう、よっぱらってというから、さあおれそんなこと言ったか言わないかわからないんだがどんなこと言ったと聞いたら、どんなことってお前、自分の口から言ってわからんのかといわれたんですが、自分は全然わからなかったんです。どんなこと言ったか教えてくれないかといったらば、その友達がわらいながら、松川事件死刑までうたれた人間が今出るそうだが、おそらく日本の法律生れて初めてだろうな、これ死刑までうたれた人が出るということは、そんなことあたり前の話だ、あれやっていない人間だもの、やっていないということと君どうしてわかる、いやお前だからいうけれども実はその晩こういうわけで破蔵しに行って失敗に終って、そのあしたはこういう所で失敗して友達と山の所で別れて鉄道に落ちて仕度変えして、やれ安心と思ってたばこへ火をつけた時にこういうわけだったんだと、その当時のことをかいつまんで話したんですね。ところがやっこさんそれでびっくりしてしまって、自分としてはそれ言ったのは全然記憶ないですね、あまりにも酔っぱらってしまって。あとからこの騒ぎになって弟にもしかられたですね、兄きお前とんだことを言ってしまってということね。自分は何言ったか全然わからないから友達に聞いたら、こういうわけだと。これではやはり言ったに間違いない、このことを知っているのは平間高司君か自分、二人以外には全然ないんですから自分が言ったということを初めてわかって、言った以上は今度はなんともこれはどうしても動かすことはできないし、そしてこういう大きな問題になってしまったんです」

酔ったときに、胸にわだかまっていたことが、無意識に口をついて出るということはありうることだ。しかし、村上、平間証人たちのように「スネに傷もつ」身でなくとも、当時は絶対に口を割ることはできなかったであろう。昭和二四年は、下山、三鷹、松川事件などがあいついでおこり、戦後の民主運動がこれらの事件によって一挙についえさった年である。そして、松川事件は共産党の破壊活動であると知らされ、ほとんどの人がそれを信じていた。二証人が、当時それを誰かに語っていたとすれば、斎藤金作さんのような運命にならなかったとは保障できないのである。昭和三六年九月一七日におこなわれた差戻審に証人として出廷したときにも、村上氏の身辺を気づかって、彼の傍らには奥さんをはじめ家族がつきそってくるほどだったのである。

安斎警部補との奇妙な対談

だが、この話は警察の知るところとなり、昭和三五年四月に、当時栃木県に出稼ぎに行っていた村上氏を、福島県警本部の安斎亥之松警部補が訪ねてきた。安斎警部補（現在警部）は、事件当時部長刑事として、玉川警視とともに捜査の中心的存在であった。

彼は村上氏を温泉旅館につれていった。

「そこでいろんなお話をして、んで君は党派は何党派がすきだ、こういうわけだったですね、自分は選挙権もないし、あるかと思った時は別そうへ行ってしまうし、だから選挙には全然関係ないんだと、安斎さんだってよくそれはわかるはずだ、うんそうだなと言ってそれからこの松川事件のことを聞き始まったですね、どういうわけで君は一〇年も前のことを、今こういうことをしゃべったんだか参考までにちょっと話してみてくれと、いやそれ語るというとおれはちょっと、あなた達は聞きたいか知んないけど、私のほうではどうもそれ語るとまずいことがあるので、ちょっと言いにくいですと、いやこれはだれにもいわないからしゃべってみてくれないかと、それじゃその当時のあっさりでいいから、当時のあったことを一通り聞かしてくれないかとこういうわけだったんですね、それで語った時にこういうわけで平間高司という者と、こういう仕事をやって失敗に終ってどうもこれは危ないと、その時自分も保釈で出ているからだ、だから、これ以上喰うようなことがあったんではというようなわけで、自分も慎重にそこの所山降りて来る時こういうわけで会ったんですと、その時順序よく書いておったんですが、その三人。」

「はい。ところが三人までいってすぐにこの六人の話になった時に、安斎さんがもうぴったと書くのをやめて手あぐら組んでしまってどうもこれは村上君、それその話をしていてにわかに今度小説話になってしまったんですね、君は小説何すきだというからタンテイものとか、そういったものがすきだと、君はこの線路ほかにも歩ったことあるんだろうというから、それはありますと言ったんです。数えきれない程線路は歩いていますと、君その三人と六人は小説見てどこかの線路歩いて会った人間とごっちゃになって、無理もない一〇年も過ぎるんだから、ごっちゃになって語っているんじゃないかと、こういうわけだったんですね、私は普通の事件であったならばどっちが先だったかごっちゃになって語る場合もあります。だけんどもああいっためずらしい事件の夜だったですから、その九人というのはこれはもう頭へこびり付いてこれは忘れることできないですね、でそのことを言ったところが、実は村上君、君にまあ話するんだが、赤間という人間は線路はずす時には三人でやったんだと、んだから君の三人に会ったというのは君と赤間君はぴったりしていると、あとのその六人というのはどうもこれは合わないんだとこういうんだね。しかしその合うか合わないかそれは自分はわからないと、その時のありのままをあなたが言ってくれというからそれ言っただけなんだと、別に私はそんなことは私ら関係ないんだから、だからいっただけにすぎないんです。それは約一時間ぐらいそうやって議論したですね、だから私も人以上気が短かいからね、子供じゃないんだから同じことを何回も何回もくり返したから、そこでちょっとした議論になって安斎さんも、まあまあそうハラ立てないで、んだけれども君そのはっきり九人だか、十人だかよく暗い所でわかったと、これは二〇〇間と離れているならわからんということもあるけれども、線路とわずかのそっち側とこっち側ですからね、これわかんないはずない。人一倍大きいからだしている方だったから、普通の、私も何もけっ白な人間ですれ違ったんだら、人間の数というものはこれは考えないで通りすぎたかもしれないね、しかし私はそういって夜ほかに村の警防団に会っておそわれて取り囲まれたことはたびたびありますから、今晩もこの人間必ずこれは平間君単独で前にも、そこの部落をあらしているからこれはどうしても、警防団に相違ないと、向こう倒すか、おれが倒されるか二つに一つ、これどんなことをしても逃げなくてなんないという、そういう決心で、その九人の方から目を離さなかったから、そのからだというのはよくわかっているわけです。人間の数もわかっております。安斎さんとしてみると、どこまでもそのおかしい、おかしいというわけで相当遅くまで、それかかったんですが、どうもその六人というのは君はそういうことをいうけれどもこの転覆事件赤間に間違いないと、それはそんなことは私はわからないんだけれども私の見たのはそういうわけだと、そう言って議論の末結局そんでは、五―六人と書いておくべと君だってあれだやあ、なんてほんで君は裁判さ証人に出る気かというから、いやおれは裁判から呼び出し来れば出ると、しかし本当はこういう所さ自分としては出たくなかったです。自分の過去のことをまるで自分のはじさらしのような場面になるのはわかっておったから。」

「三人はいいがあとの六人はまずい」

安斎警部補との奇妙な対談はさらにつづくのである。後藤弁護人の質問に、

「問　それであの、安斎はですね、あとの六人はまずいというふうなことはいいませんでしたか。

答　その時ね、議論の末です。それは私の議論の末そういうことをいったったですね、どうしてありのままをあなたがいってくれというから私としては、ありのままを言ったんでそれでどうして悪いですか、と聞いたら安斎さん手あぐら組んでいて、君ありのままそれいいんだけれどもおらほうでまずいんだよと、こういうわけなんですね。」

（差戻審第一九回公判）

不思議なこともあるものだ。九人の黒い影がもしも真犯人だとすれば、現在の被告と真犯人は結びつかなくなるわけだが、それにしてもなぜ警察当局は無理に「赤間自白」と結びつけようとするのか。

「問　してあのすぐ何も話しないで、寝てから何も話しなかったんです？
答　いや、やはり寝てからね、ちょっとねむることできなかったもんですから、寝ていてもいろんな話して、そして休んだったですね。
問　いろんな話というのはどういう。
答　どうも松川おれはもはやあれだ、この裁判安斎さんどういうふうになるんだねって、私聞いたら、この裁判はそうだなあ、これ最高裁判まで行ってきまりが、らちがあかなくて、またこういうふうに戻るんだからまたこれも今度もほだべ、行ったり来たり、行ったり来たりしているうちにお互に死んでしまうし、おれはあやめれば関係ないんだから、おれはやめればこいつに関係ないんだから、そうしてはあ、終るんだべこれ、なんてそういう話しておりましたね。」

無理にこじつけた証言によって、無実の被告が刑を受け、そのうち彼らが死んでしまっても、自分は辞めてしまえばいいんだから、という警察官の心情というものはどういうものだろうか。

一方、村上氏の話はまた共同通信の記者の耳にも入り、共同通信の斎藤茂男記者と後藤弁護人の訪ねるところとなるのであるが、その間の事情について安斎警部補はわれわれにはこう語るのである。

われわれが、第三次調査班を組んで現地に向かったときである。

「共同通信のKという記者は、おれと同じ村の出身だが、いつのまにか、とんでもない共産党野郎になりやがった。村上、平間の泥棒野郎を東京まで連れていって、さんざん呑み食いを自由にさせて、奴らに思い通りに喋らせたんだ。それから、おれが村上の家を訪ねてひと晩一緒に寝たんだが、〃お前の話はどうもおかしい。一日、日を間違ってるんじゃないか、同じ所へ二度泥棒に入るなんて常識では考えられんし、お前の話は十五日の晩のことじゃないか〃そういったんだ。別に強制もなにもしやせん。おかしいと思うがなあ、とそう一人言のようにして訊いたんだ」

平間・村上証言問題で、安斎警部補は偽証をせまったことはない、と公判廷で証言、弁護団から、三六年九月四日に偽証罪で告発されたのであるが、奇怪なのは安斎警部補の行動である。

現場で《口笛》を聞いた

村上証人が九人の男たちに会った後、藁束のなかに身をひそめて、煙草をすっていたころ、現場で吹く口笛をきいた人がいる。きいた人は平田福太郎氏といい、現場から六〇〇メートル離れた金谷川村薬師堂に住む物乞いだった。

昭和二四年八月一九日の倉住敏雄、三村季雄両巡査による捜査復命書は次のように報告している。

一、金谷川村大字浅川地内の国道踏切より約二百米現場方向に行った処の右上手の森の中腹にある俗に云う薬師様（小さい神社）に三、四ヶ月前より住んで居る乞食より左の様な事実を聞き込みました。

「昭和二十二年六月一日樺太より函館に引揚げて来た平田福太郎と云う当年七十三年になるものですが私は丁度事件の起きた夜、小便が出たいので小便に起き様かなと思ってうつらうつらしている時、下の鉄道の橋の附近でピーピーと口笛が聴こえました。その時は村の若い連中が夜遊びに行って来て二、三人で帰る処で遅れた者でも呼ぶ様な感じがしましたが別に不思議にも思わず小便に起きてやって居りましたら、上りの客車が下を通りました。丁度松の木の間から後尾の赤い電気が見えますので三時の汽車だと思って中え入ったらガチャンと底力のある音がきこえました。これは汽車がショウトツでもしたんだろうと思いましたが後尾の赤い電気はそのままなんの音もなくなったのでそのまま寝てしまいました。翌朝眼がさめてから何時も来て居る小供に列車が顚覆したのだと云うことを聞いて驚きました」

「この前の細道は山を越えて松川の裏道に出るのですが、普通はこの辺に畑を作っている農家の人以外はほとんど通らない処ですし、橋を渡って右に行きますと、畑の脇を通って行きますと踏切りより松川町の方え約百米行った籠屋（金谷川村大字浅川字辻石川政蔵）の前に出るんですが、私はその口笛を吹いた人はその道を行ったか鉄道の沿線にそうて踏切の方に出たかは見たのではないからわかりません」

「その口笛を吹いたのを聴いてから約十分か十五分位して上りの列車が来たのであります」

尚本名は乞食をして居るものの普通の人間と何ら変りなく見受けられます。

二、更に右の言う籠屋、石川政蔵方外四、五軒について捜査致しましたが、何れも午前五時頃起きたので、半鐘に依って事件を知ったので人が通ったかどうかは全然わかりませんでした、との事であります。

平田老人は、事件後まもなく、留守中におこった昼火事のために焼け出されて、安達郡の嶽下村の阿武隈川の河畔の笹小屋にすんでいたが、二六年九月はじめ、郡山養老院に入り、二八年二月に死亡している。

いまは彼から何事も聞き出すことはできなくなってしまったが、ふだん、火の気のあるはずもない薬師堂が昼火事になって、結果としてはそこを去らなければならなくなったのは、偶然と考えるにはあまりにも不自然で、「真実をのべたために、警察で相当おどかされたのではないか」「何事かを知っているために、やっかい払いで追い出されたのではないか」という疑いさえおこさせる、と松川事件調査団ではいうのである。

ちなみに、平田福太郎老人の住んでいた薬師堂と口笛の鳴った木橋とは三〇メートルくらいの距離である。おや指と人さし指とで輪をつくり、口にくわえて鳴らす鋭い口笛は、占領軍の兵隊などがよく吹いているのをみかけたものである。口笛の音はまさにそんな音であったという。それは真犯人たちが、顚覆確認、引揚げの合図に鳴らしたものであったのかも知れない。

第七章　噂

五色温泉で顚覆の予言を聞いた

ここで、松川事件に関するいくつかの噂を追ってみるのも無駄ではあるまい。それらのなかには、事件直後、かかわりになるのを恐れ、最近になって土地の人びとの口の端にのぼるようになってきたものと思われるものもある。そして、それはまったく根拠のないものではあっても、その底にはある意図的なものを発見できるものもある。

その主なものは、(1)五色温泉における鉄道公安官の列車顚覆予言、(2)事件当夜、松川町の「松楽座」で興行されたレビュー団、(3)犯人の飯坂温泉立ち寄り説である。

(1)　五色温泉での予言。福島県から山形県に入ったところに、五色温泉がある。そこで旅館を経営している鈴木某という男がいた。その旅館に、昭和二四年、事件のおこる一〇日ほど前に、鉄道公安官が多勢泊った。二階で宴会をやっていたのだが、そのなかの二人が帳場におりてきて、鈴木某に、「近いうちに汽車がひっくり返るようなでっかい事件が起るからな」といったというのである。

その後、鈴木某は旅館経営に失敗したのか、キャンデー売りなどをしていたが、二八、九年から姿を見せなくなった。噂が出はじめたのは三年ほど前である。

この「予言」を鈴木某からつたえ聞いた者が二人いる。柴田と武田という二人の老人である。彼らは鈴木某の経営する旅館に手伝いにいっていて、鈴木某からこれを聞いたのだ。

武田という老人の住所はわからなかったが、柴田老人は、市役所の衛生人夫で、町のなかでよく見かけた、住所も南沢又であるということだけはわかった。

私たちは、南沢又の前区長、現区長、交番、クリーニング屋——当たれるものには当たってみたが、みんなそういう人は知らないという。柴田老人が住んでいたという市内の天神町にも該当する人物は見あたらない。市役所でもそういう人物は知らないという。

念のために福島鉄道公安室の記録を調べたが、鉄道公安官の慰安旅行のうち、五色温泉に行ったのは、昭和二九年に一度あるだけだった。

私たちは、これ以上時間の関係で噂をたしかめることはできなかったが、柴田老人からその話を聞いた福島市内に住む靴屋さんは、「柴田老人はときどきみかけるし、いないはずはない」というのである。

これらのことから、私は五色温泉での「予言」は事実あったと思う。下山事件のときも、三鷹事件のときも電話で予言があった。だが、鉄道公安官というのはあまりにももっともらしい。おそらく、鉄道公安官というふれこみではあったが、実は鉄道公安官ではなかったし、列車顚覆事件の雰囲気をそういうふうにつくっていったと見るのである。「扇の要」とされた「赤間予言」は、差戻審判決で崩れてしまったが、五色温泉における「予言」は「赤間予言」よりも真実性をもっている。

「松楽座」レビュー興行への疑惑

松川対策協議会の『闇に消えた九人』にはつぎのように出ている。

「松川駅の踏切をわたって、西に百メートルほどゆくと左側にもう相当古くなった芝居小屋がある。これが松楽座だ。八月十六日夜、ここにレビューがかかった。当時としては、これほど大がかりで華やかな一座をこの芝居小屋に迎えたのは初めてであった。いやその後もなかったと、今も人はいっている。座員の数ははっきりしないが、当時楽屋で世話をしたおばあさんが、自分でにぎり飯を握った体験などの話を総合すると四、五十名位ではなかったかと思われる。

この日、この福島市から離れた片田舎の小屋にレビューがかかったのは、虚空蔵さまのお祭りの日であったからというわけではなかったらしい。というのは、前もって大々的な宣伝がされたわけでなく、採算も無視した興行の形がとられており、その日突然やってきたように町の人が記憶していることでも、そのことがわかる。

しかしともかく珍らしさと華やかさにつられて空前の客入り（四、五百名）となった。レビューは十時半前後にはねた。当時、取締りは厳しかったので、終る時間も守られたようだ。はねてから間もなく、一座の上の人たちと思われる一団の人々が（座員の半分位だったという）、福島に泊るといって自動車で立ち去った。あとの座員は近所で貰い風呂をしたりして楽屋に泊った。その際、世話係のおばあさんは、命ぜられるままに翌朝の仕度として、約二五名のおにぎりを夜中過ぎまでかかって作って帰った。

さて翌朝六時に掃除に行った時は、すでに楽屋には誰もいなかった。その時間は、もう列車顚覆で大さわぎになっている頃だ。福島、仙台方面に座員がひき上げるのだとしたら、列車不通の時にどうやって帰っていったものだろうか。乗用車かトラックで去ったのか。このへんの事情は今もって誰も覚えていないのである。このレビューの興行主は元満州・中国などをわたりあるき、戦後は米軍や国鉄当局などとも密接な間柄の人物であったということがわかっているだけで、警察も、事件後このレビュー団そのものを追及した形跡はない。

私たちは、事件前夜、風のように来て、また去ったレビュー団に疑惑を感じないわけにはいかない。はねてから一足先に去った一部のものたちと九人の人影とは、何らかの線で結びつくのではないか。

この一座のものが福島市内の某所で、その前夜ＣＩＣ関係者の宴席に出ていたといううわさがあるのも一層この疑惑を濃いものにしている」

松本清張氏は「推理・松川事件」(『日本の黒い霧』III)で、松楽座の興行主と共同の記事を結びつけている。

「『列車妨害の手口から見ると、戦時中、大陸や南方で軍隊が行なった手口と同じであり、技術面に明るいか、またはその暗示を受けた者でなければ不可能である』——事件直後、現場を調査した福島管理部機関車係、保線係の総合調査報告によると、そう推定されている。旧特務機関、右翼筋の犯行という説は、当時から相当根強く信じられている情報の一つだ。それは犯行手口からの推定だけではない。

現場から二十キロ離れた安達郡和木沢村に、当時、反共右翼の巨頭と云われたT氏が土建飯場を持っていた。同氏は、事件前から福島県下で反共演説をブチまくっていた。『謀略部隊を潜入させるためには絶好の足場ではなかったか』——もちろん、T氏は、その後この噂があるたびごとに否定している。

しかし、和木沢村には『日の丸同盟』という、そのころ県下で活動していた右翼団体の関係者がいたり、事件当夜のアリバイに不審を持たれ逮捕された元鉄道員I氏が住んでいたり、右翼説にはこの村が必ず登場して来るのである」(三四・八・二〇『中国新聞』)

そして、松本氏は「松川の破壊工作班は、たとえアメリカ軍関係者であったとしても、軍人を直接に使ったとは思われない。実際の工作班には日本人側の『下請業者』が使われたであろうと想像されるし、もし軍人を使うなら、多分、それは二世の隊員であったと思われる。」と推理するのである。

松本清張氏の労作「推理・松川事件」が、『文藝春秋』(三五年一二月号)に発表された当時に比較すれば、一二年間のあいだに真犯人を指向する資料が、無意識に、あるいは意識的に隠滅されているとはいえ、そのあいだにいくつかの新しい事実も出てきている。

私は「松楽座」のレビュー興行は偽装であったと思う。レビュー団の座員が突然松川町にやって来て、去っていったことも、福島CICとの連絡のもとにおこなわれたことは事実であるし、その半数がCICの宴席に同席したという噂もたしかであろう。だが、それは福島市内ではなく、飯坂であったと思う。宴会にレビュー団を呼ぶことは、彼らの宴会をもっともらしくするはずである。

だが、検察側が提出した「捜査復命書」には、松楽座に泊った座員がどこへ消えたか、そして、レビュー団そのものにたいする聞きこみがなされたというような報告もない。もとより、当日朝、松川駅から彼らが乗車した形跡もないが、私は、捜査官たちが松楽座にかかったレビュー団の調査をしたことは間違いなく、ただその調書は当局側にいまも隠されていると思っている。

宴席に出た団員の行動をいくぶんなりとも知っていると思われるのは、いまは玉川警視だけかも知れない。松楽座の経営者だった阿部某は、レビュー団についての幾度かの調査にもついに口を閉じたまま、いまは死んでしまっているからである。

　事件当夜の「炊き出し」説は飯坂温泉にもある。いわゆる犯人の飯坂立ち寄り説である。

東北の歓楽地〝飯坂温泉〟

「あんたたち飯坂へは泊らんのかい。飯坂はおもしろいとこだぞ。飯坂へ行きゃ女に不自由はせん。すぐ転ぶよ。××屋でも、おれはスケベエで通ってるんだ。松川に関しては、おれはついてなかったが、上京して本庁に行くと、英雄みたいに扱ってくれたもんだ。いろんなところへ飲みにつれていってくれた。こんな下っ端のおれをだ。だから、本庁からおえら方が出張してくると、おもしろいところにつれていって、女を世話してやったり、ずい分サービスをしてやるんだ。芸者に、おい、本庁のおえら方だ、みせてやれ、今日は出せないのかといってね。あんまりからかうと、女たちがみんなでおれをおさえつけて、『このスケベエジジイ』と素っ裸にしやがって、へへ――。飯坂の芸者たちはみんないうこと聞くよ。上司たちは〝福島はオモシロイ〟と、ずい分喜んでくれたもんだ」

　実際には、活字にするのもはばかるような表現をしたのであるが、いまは警部になっている安斎亥之松氏は、そういって、われわれに飯坂泊りをすすめたものである。

　飯坂温泉は福島市から約一二キロ、阿武隈川の支流、摺上川をはさんだ由緒深い温泉郷である。ところがおもしろいことに、この町は警察官にとって出世コースの試金石にもなっている。

ある警察官の説明によると、福島県の警察官は南会津の田島を〝監獄〟と称し、飯坂を〝裁判所〟と呼んでいるという。いってみれば田島は〝楢山〟であり、飯坂は〝見込みのある者〟が、その才能と人物をテストされる出世コースの登龍門であり、「飯坂転任」の声は無上の魅力をもって迎えられる。玉川警視も事件直前の二二年に、飯坂署長として赴任している。

ちょうど町長選をひかえて、玉川警視も着任早々町長選にまきこまれることになった。旅館「若喜」の経営者、国分嘉米吉氏の対抗馬は但木文薫氏だった。開票の結果は国分氏が破れた。

それから一ヵ月後に渡辺春信氏が選挙違反容疑で警察につかまった。町長選での但木派の運動員である。

「その渡辺という男、おかしいんですよ。本来なら国分派なのに、頼みもしないのに手伝うといってきて、バク徒のS一家を運動員に使う始末だったので断わったこともある男です」(同町十綱・薬局経営・斎藤信夫氏)

けっきょく、このときは渡辺からいもづる式にS一家の選挙違反が続々とあらわれ、但木町長にその容疑がかかり、留置されるところまで発展した。

ところが、ここに意外なことが持ちあがった。この摘発は、じつは国分派の選挙参謀と目されていたKというバク徒がしくんだカラクリだという内情が同じバク徒仲間から割れ、但木町長の選挙違反ははじめからデッチあげられた事件として、問題は仙台高裁に持ちこまれ、但木町長の勝訴となった。

このとき但木派の選挙事務所長をやっていたのが斎藤氏である。

「デッチあげの実行者はバク徒だったが、その計画者には警察がかなり片棒をかついでいたらしい。たとえ選挙で負けても、あとで違反摘発でひっくりかえすことができる。この騒ぎ以来、飯坂という町では警察と政治権力が常に浅からぬ縁を痛感させられる」

と斎藤氏はいうのである。

ちなみに、県警捜査課次席に栄転した玉川氏の前署長大内氏は、国分氏の経営する旅館「若喜」に住んでいたものである。

このときの陰謀をすすめたバク徒Kの家が、かなり長い期間にわたって山本検事の住居となっていたり、後におこった松川事件の陰に暗い印象をあたえている米軍政部、CIC、日本警察、検察官たちがこの「若喜」、「青葉」などに姿を現わしてくるのである。

「検察官たちは飯坂や岩代熱海などに出かけて朝帰りすることが多かった」（前掲・磯部実氏）というように。

指定旅館〝若喜〟と〝青葉〟

「福島にきたのは、はじめニューヨーク部隊だった。あとで熊谷部隊と交代した。埼玉県熊谷市にいた部隊である。

その部隊が絹を貨車一輛に載せてやってきたのだが、それが総司令部にばれた。貨車の置き所に困って、福島から青森へ、一の関へと、その貨車をあっちへ動かしたりこっちへ動かしたりして逃げまわっていた所へ、総司令部から将校二人が調査のため来福した。

福島の軍政部では将校を飯坂に連れていって酒を飲ませ、女をあたえた。それでOKとなった。

飯坂は彼らにとって歓楽境だった。マクダモット軍政部長官も飯坂へはよくお忍びで出かけ、通訳として私がおともしたこともたびたびだ。途中の笹谷あたりで待ち合わせて長官のジープにのって出かけ、明け方は何くわぬ顔をして帰るのだった」（元RTO福島渉外室勤務・柴山精一氏）

これは一例にすぎない、では、一方旅館側はどうであったか。

「うちは、とくに警察、検察庁の人たちに信用がありまして、戦前からよくその方面の人たちに利用されております。玉川さん、山本さん、新井さん（二四年当時の福島県国警隊長）などはよく来てくれましたね。地検の鈴木久学さんは終戦後からの知りあい。なにしろ戦後は警察本部の指定旅館になったんですから」

飯坂温泉の中心部に位置し、戦前からの老舗「青葉」の女将今村ヨシさんはこれが自慢なのである。

だが、読者はこの言葉のなかにでてくる人名のすべてが松川事件の捜査関係の重要人物であることに思い当たるにちがいない。

「終戦後は、日本側だけでなく、アメリカの偉い方もみなさん毎日のように来てくれました」

ＣＩＣの指定旅館にもなった「青葉」には福島ＣＩＣ隊長アンドリュー少佐をはじめ、軍政部マクダモット少佐、同副隊長のゴス大尉らが連日のようにおとずれる。ときには小パーティ、あるときは日本側警察との会談が「青葉」でおこなわれた。

これについては、玉川元警視もかならずしも否定はしない。

「飯坂あたりで、クリスマスなんかには、招待されてよく呑んだ。しかし酒の席で仕事の話はぜったいにしない。それを誤解するのは外人の性質を知らない者のいい分だ。松川事件の捜査にだって、一切干渉はなかった」

だが、彼はわれわれにこうも語っている。

「たしかに軍政部からの干渉はしばしばあったが、私はいつもケンカをしていたほうだ。私たちが提出した報告書だって、真実の何分の一かだ。いかに、相手の命令をごまかして、日本人の不利にならぬようにするか、そればかり考えていた」

彼の言葉によれば、真犯人を示唆するようなものは、米軍に提出しなかったことになる。松川事件が米軍の謀略であると信ずるわれわれには少なくともそう思えるのである。当時、絶対的な権力をもっていた軍政部やCICに、真犯人が米軍とつながるような報告書を提出した場合、それはただちに彼らの進退に関係するからである。したがって、真犯人を指向する捜査復命書は、捜査当局によっていまも倉庫に眠っているという推定が成りたつのである。

ともかく、旅館「青葉」にあつまるこれらのメンバーは「若喜」にもあらわれている。昭和一九年七月一日の大火で、飯坂町の大部分が灰燼に帰したことがある。「若喜」も例外ではなかったが、当時「伝部隊」という守備隊が駐屯していて、将校クラブにあてられていた「若喜」の復興には拍車をかけられた。資材不足の折ではあったが、群馬県水上温泉の一軒の旅館をそっくり買い移す計画が即時に実行されたものだった。

これが、終戦後米軍の慰安所として大いに利用されることになるのである。

「うちでは年二回ぐらい、正式のオープンなパーティで、お偉方が会談したというような形跡はない」

と、当時から働いていた番頭某はいっている。こみいった話は「青葉」を利用したのであろう。

「ときの権力者米軍が、まるで飯坂に移ってしまったというようでは、日本側もいきおいそれにしたがわざるをえない。当時の福島県の政治は福島市でなく、飯坂でコトがはこばれたといって過言でない」（某旅館主人）という有様だから、松川事件もまた、飯坂温泉で捜査方針がすすめられたとみてさしつかえないであろう。

犯人はここに立ち寄った

犯人立ち寄り説はこの飯坂に流れるのである。

「松川事件の犯人は、いったん飯坂温泉に立ち寄ったらしい」

こんな噂が流れはじめたのは事件発生後ほどなくしてである。

「ここへ来てみると、だれもが知っている話だった。だが、それをだれも語りたがっていない」

福島県の奥座敷でおこった奇怪なうわさをたぐることで、少しでも〝真犯人〟の糸口をつかもうとこころみた斎藤被告はこう語るのである。

事件が発生した二四年八月一七日の未明、同温泉街のはずれにある八幡神社社務所付近で十数人の男が何者かの手によって炊き出しを受けた。その後いずこへか消えて行った――と。

ここで、彼らを真犯人と断定するのは早計であろう。だが、村上、平間証言に彼らを結びつけると、一応彼らへの疑惑は濃い。〝黒い人影〟――村上氏が現場付近で九人の人影をみた時刻は二時三〇分前後、平間氏が彼らと会ったのが二時四五分から五〇分のあいだと推定されている。

この人影が真犯人であれば、そこから福島まで約一〇キロ、福島から飯坂一二キロと計二五キロを、もし時速六〇キロの速度でとばせば、飯坂には三時半ごろには到着する。多少余裕をみても、四時ごろには噂の舞台である八幡神社へ到着する。深夜の肉体労働をしておれば、当然腹はすいていただろう。飯坂温泉は歓楽境とはいえ、問題の八幡神社は人目からはずれた場所にあり、この時刻にはほとんど人どおりがないと思ってさしつかえない。犯人が立ち寄る場所、時刻と条件はそろっている。

ここで、旅館「青葉」に登場する顔を思い出していただきたい。八幡神社はCICの指定旅館「青葉」から約三〇メートル、歩いて二分とかからないところだ。神社のかたわらには「青葉」の女主人の実妹、桃井ヤスさんが住んでいる。

これについて、当時「青葉」にいた女中佐藤みささん（現在福島市栄町「泉荘」勤務）も、いまは平駅前の「金田旅館」に勤めている皆川タケ子さんも「記憶がない」と、そのころの話にふれたがらない。

だが、私は炊き出しは事実であったかも知れないが、それは線路破壊の実行行為者にたいする炊き出しではなかったと思う。事件に何らかの役割をはたしてはいても、事件全体を知らない者たちが飯坂に立ち寄ったということはありうる。だが、それすらも可能性は非常に少ない。異常な体験をしたものが、事故現場に非常に近い歓楽境に立ち寄ることを、列車妨害の計画立案者が許すということは考えられないからである。捜査官であったら、犯人立ち寄り先として、飯坂は最初に念頭に浮かぶはずである。

ではたんなる流説なのか。私は鉄道公安官の「予言」は事件の布石であったが、松楽座の消えたレビュー団も、飯坂立ち寄りも、真犯人追及の手をぼかすためにつくられた布石であったと推定する。真犯人は、自動車のなかで、チョコレートや戦時食糧を喰い、チューインガムを嚙んでいたはずである。

これはオペレーション（作戦）だ

松川事件の噂の周辺には、ＣＩＣの奇怪な行動が、日本側捜査当局のそれとあいまって、かならずといっていいほど登場する。

当時、東芝労連は、民間産業の首切反対闘争の中核となっており、アメリカ資本が導入されている関係から、占領当局の労働対策の注視のまとになっていたのであるが、その東芝松川工場の首切り強行にさいしては、

「ＣＩＣ→Tel 1360→加藤通訳　連絡者

→〈松川デス　頼ミマス〉20分」（諏訪メモ）

と連絡体制ができていて、メモの日付から一〇日後におこった松川事件の犯人として、

労組の幹部がデッチあげられたり、破壊作業を目撃したといわれる斎藤金作さんがCICに「たびたび呼ばれていた」事実があり、それからまもなく奇怪な死をとげたり、松楽座にかかったレビュー団の一座のものが「福島市内の某所で、事件前夜CIC関係者の宴席に出ていたといううわさ」があったり、CICにたいする疑惑は濃い。

だが、事件前夜における福島CICの行動を追うまえに、当時の福島県下の労働運動と占領軍との関係についてのべなければならない。

これについて、当時、日本共産党福島県委員長橋本節治氏はこういっている。

「昭和二四年三月頃、私は福島軍政府（のち軍政部と呼ばれた）へ法務局長トロットマン中尉に呼び出された。ちょうど定員法が準備されている時期だった。

当時の福島軍政府長官は、マクダモット少佐といい、根っからの軍人タイプで、融通のきかない男だった。労働関係担当は、割合に教養のあるキング大尉だったが、この頃、キング大尉は開店休業の状態で、実権はトロットマン中尉がにぎっていた。

私は軍政府の会議室でご馳走になり、そのときは世間話しか出なかった。彼は『あなたのような紳士と話ができて光栄だ』などといっていた。

専門はなんだというから、アストロノミー（天文学）だといっても、さっぱり意味が通じない。教養のない奴だなと思ったが、あとでシカゴの土建屋上がりだということを知った。

それからしばらくして二度目の呼び出しを受けた。国労福島支部と、電産猪苗代分会の日共党員と、シンパの名簿を提出せよというのだ。

『もし出した場合、憲法と法律で保障されている労働者の権利を、軍政府でも保障するか』

と質問したとたんに、トロットマン中尉は、真ッ赤になって『スタン・バイ（起て！）』とどなりあげ、

『おれたちがいまここでやっているのは、ポリティーク（行政）じゃない。オペレーション（作戦）なんだ！　したがって、軍政府に干渉する権利はない。おまえが答えられるのは、イエスか、ノーか、それだけだ！　もし〝ノー〟なら、そくざに軍法会議だぞ』

とまくしたてた。

当時は、恥ずかしいことだが、私たちでも、占領軍を敵にまわすのは不利だ、というムードがあった。そのため、これ以上怒らせてはと思い、

『考えてみます』と、『何日までに持って来い』との命令を聞き流して引きさがった。

案の定、再度の呼び出しがあった。もちろん、名簿など持って行くはずはないし、悪罵のかぎりをあびせられた。

この三月ごろから、松川事件の直前まで、私は四、五日おきに呼び出された。私は一つの手をおぼえた。指定された時間より遅れて行くのである。それは命令違反だ。その〝違

反〟問題の議論だけでいつも時間切れとさせるのである。私は十分遅れ、二十分遅れ、一時間もおくれて行くようになった。

六月に入ると、彼らはなぜか国鉄の名簿だけでいい、というようになった。そして八月に入ると、

『お前は命令に服従しない。今度、そのことで仙台から司令官がやってくるから、何日に来い』といった。

その日、向かって左に仙台からきた二人が座り、右端にマクダモット少佐らがずらりと一列に並んでいた。仙台からきたのは彼らの上官であることは確かだったが、司令官はみえなかった。

『どうだ命令に従うか、あと三日以内にきかなければいよいよ軍法会議だ』

彼らは、神明一郎の例をひいた。

神明一郎は、当時の電産猪苗代分会長で、四月に電源ストを行った際、MPから『電源スイッチを切った者の名をいえ』といわれ、『日本には仲間を売る労働者はいないよ』と答えたものだ。彼はその場で逮捕され、軍法会議で重労働五年の刑をいい渡されたのである。

で、私はもうここへは来ないぞと決意して軍政府を出たのだが、その後は一度も呼び出しはなく、十日ほどして松川事件が起った。

その朝、岡田十良松君から電話で事件を知らされたのだが、私はすぐに『現場付近にジープのあとがないか調べよ』といったのだが、彼ら国鉄労働者が現場復旧作業に専念してしまったのは残念に思っている」

軍政府がなぜ、事件直前に国鉄の党員名簿を必要としたのか。しかも、六月以後からは電産猪苗代分会の党員名簿を提出命令から除外している。つまり、これは四月四日に、電産労組が飯坂で東北大会を開催しているが、このとき産別脱退を決議しているので、共産党勢力が退潮して、右旋回したという彼らの情勢判断にもとづいたのではないかと思われる。そして、福島地区の官公労の中核となっている国鉄にしぼっていったのではないか。七月五日になると、東芝は四五八一名の第一次首切を発表、福島県下では治安当局が非常警備態勢をしいている。軍政部が、以後国鉄と東芝に目標をかえたということは充分考えられるのである。

もとより、筆者は、軍政部が松川事件と結びつけて労組内の共産党勢力の排除を考えたとは思えない。だが、トロットマン中尉が、橋本節治氏にいったという「おれたちがいまここでやっているのは、ポリティークじゃない、オペレーションなんだ」という言葉は興味がある。

なぜ福島は狙われたか

Ｇ２が日本占領を対ソ戦略上からのみ考えていたことはさきにのべた。幾度も引用させていただいて恐縮だが、大野達三氏はつぎのようにいっている。

「地方行政については圧倒的にＧ２の権力が支配していた。地方行政を担当していたのは、横浜におかれた第八軍団民事部本部であるが、この内容は第八軍参謀部第二部＝Ｇ２が主体であった。この民事部本部は、仙台の第九軍団民事部および京都の第一軍団民事部を統率して、呉および高松をのぞく全地方区を管理していた。ＧＨＱ・Ｇ２と第八軍Ｇ２との関係は当然軍隊上の上下の関係をもっていた」（前掲『謀略』）

松川事件などの凶悪な犯罪について、「アメリカ軍がやって、彼らに何の利益になるか」という人が意外に多い。それはアメリカ軍による謀略を否定する根拠になっているわけだが、それは「行政」上からみた場合なのである。しかし、こと「作戦」としてみた場合、謀略事件とみることは可能なはずである。過去に日本軍も張作霖爆殺、柳条湖の鉄道破壊などの例にみられるように、植民地ではしばしばこの種の事件を「作戦」としておこなっているではないか。

では、当時の福島県下における労働運動と占領軍との関係はどうであったか。

この年の六月二二日の『アカハタ』には徳田書記長の一般報告が掲載されている。そのなかに次のような一節がある。

「人民の要求は身のまわりの日常闘争から非常な速度をもって吉田内閣の打倒、民主人民政権の樹立に発展しつつあることは明確である。……もはやこの大きな革命の波には抗しがたいものとなった。民自党吉田内閣を九月までに倒さねばならないというわれわれの主張は、かかる条件にもとづいているのであり、十分な可能性をそなえている」

当時、一般に流布されていた、いわゆる「九月革命説」のよりどころとなったものであるが、こうした状況下における福島県の労働運動は、京浜・京阪に次ぐ戦力をほこっていた。実に、汽車をストップさせた数は、福島が全国一だといわれている。

「まず山間部の猪苗代湖には東京にもっとも近い大発電所があり、ここの電産猪苗代湖分会は日本の労組の最精鋭といわれた電産のなかでも、とりわけ共産党の勢力がつよかった。海岸地方には常磐炭田の炭鉱労組、県の中央部には国鉄労組福島支部があり、いずれも共産党の組織率が高かった。以上の三つの組合は、県全体の遅れた意識のなかで、それでもするどい運動拠点を形づくっていたのである。

共産党県委員会ではこれらの組合を中心に、農民組合や一般市民をまきこんだ郷土産業防衛事業を組織、ドッジ・ライン反対、吉田政府打倒の統一戦線を活潑に展開していた。一方県当局は東北六県の警察力を県下に集中、大げさにいえば他県から動員した警官で町中が埋まる観を呈した。こうした二つの陣営の尖鋭な対立は、県下を不気味な空気のなかに包みこんでいたことはいうまでもない」（青地晨「一九四九年の歴史」『中央公論』松川事

件特集号）

占領軍と労働運動

〔六月〕 (1)殆どの会社が人員整理と工場閉鎖を行う。本宮、福島製作、内郷、三菱製鋼等の諸工場、(2)中央では労働運動が激化し人民電車事件が起り、政府は総司会部に対し警官の増員と共に機関銃装甲車等の機動力の強化を要請、県内では平警察署事件、県会赤旗事件、郡山デモ事件等が起った。

〔七月〕 (1)三菱広田、保土ヶ谷の解雇、内郷の閉山、植田の退職等、整理反対、閉山退職全闘争が深刻となる。(2)と同時に郷土産業防衛の市民大会開催が福島・若松で開かれ、要求書を県知事に提出するなど労働者、市民の一体化の運動が展開された。(3)国鉄労組関係は一日に人員整理発表され、二日労組の団交開始、と同時に樋貝国務相の非常事態宣言がいち早くだされた。四日、平事件は騒擾罪を適用すると宣し、この日は国鉄労組による福島管理部において団交の抗議集会に対して武装警官とアメリカ軍の自動小銃等の威嚇、いわゆる福島管理部事件、翌五日は福島県下に非常時態勢を敷き、六日は第三鉄道輸送司令部より国鉄労組福島支部に対して組合旗の掲揚を警告、七日は伊達駅事件、郡山機関区では解雇反対に対してＭＰの拳銃の下に解雇辞令強要、さらに首相は全国に対して『国家非常事態の宣言』準備完了を告げ、十三日は国鉄が第二次整理六万二千名を発表し二十一日革同派と共産党員十四名の首切発表、二十一日は福島管理部事件被疑者委員長等九名を逮捕、二十二日には民同派の中央委員会が招集され、二十五日に県下経営者大会が開催された。

〔八月〕 (1)三菱製鋼の争議継続、新たに電産県支部のストライキ準備、特に全逓の解雇発表に対して新たな闘争段階に入る。(2)さらに東芝本社より松川工場に十二日人員整理が発表されるや、松川工場は国警地警、CIC等の警備があり、十五日の松川労組の団交、十七日の二十四時間のストライキ、ついでこの日松川駅近傍列車顛覆事件が起る。二十二日には東芝松川労組は列車顛覆事件に関知せずと声明を発表、郡山市では失業者の大会が開かれた」（庄司吉之助「当時の労働運動と松川事件」『歴史評論』一九六一年八月）

二四年当時の福島県下の労働運動を列挙してみても、占領軍が干渉して弾圧したものは十指にあまる。

そのことは、国鉄職員局総務課が発行している『国鉄労働情報』（部外秘）によっても、その一端をうかがうことができる。第七号（二四・七・九）の一六ページには次の記事がある。

「七月六日六時三十分。

郡山機関区保線区長は整理の通告を行う準備をしたが、多数組合員に行動を拘束され、辞令を渡すことができなかったが、福島軍司令官クラーク中佐が郡山に出張し、旅館に区長及び組合幹部を招致し会見した結果次の如き談話を発表した。

『上官の命令を行使できないのは職務怠慢である。私は君たちがあすいかなる態度をとるか、その行動をたしかめるまで、この旅館におる』

上記により組合側の態度が緩和されたため本日は辞令交付できる予定である」

いわゆる、国労福島支部郡山分会長大橋鉄二郎氏が、軍政府クラーク中佐にピストルをつきつけられて卒倒、首切りが断行された事件である。

国鉄本庁で出している出版物でさえこのように記されているほどだ。事実はもっと苛烈をきわめたとみるべきであろう。

占領軍の干渉を受けたのは労働運動だけではなかった。

恫喝された日本人

「私（註・橋本節治氏）が度々軍政部によび出されていた頃だった。四月の猪苗代の電源ストの後だったろう。隣りの部屋で待たされているとき、トロットマン中尉と山本諫検事の話声が聞こえてきた。中尉は『組合幹部を処罰しろ』といっていた。軍政部も組合活動そのものを軍法会議にかけることはできなかったのである。山本検事は『日本の法律では処罰できない』と答えていた。

なかなか骨のある男だと思ってきいていたが、それからしばらくして、電気事業法第三十何条かの違反という、苦しい理由で幹部を刑務所にぶちこんだ。山本検事に対する干渉はこの時だけではなかったろうと想像している」

橋本氏の話を裏付けるのに、二四年初夏まで福島地検の検事をしていた毛利将行氏がいる。

「県医師会の機関誌に『占領軍を誹謗した記事が出ている。告発しろ』ということがあった。記事を読んでみたが、別になんということもない。ひねくれて解釈すればそういう意味にとれないものでもなかった。

が、軍の厳命である。気のすすまぬままに編集責任者のI氏を起訴した。I氏が私のところに、どうして起訴されるのか、なっとくのいく説明をしろ、といってきたが『私の方にいわれてきても、何とも答えようがない。陳情するならアメリカさんの方に行け』と逃げたことがある。私たちもつらい立場だったが、市民の方こそいい迷惑だったろう。

法律にあてはまらないものを、無理にこじつけて一年の求刑にしたが、そのあと軍政府から司令官以下全員でジープでのりつけ、『何年の求刑にしたか』との質問、『一年だ』と答えると『ダメだ、やり直せ』といい残して帰っていった。

すべてがその調子だから、判事だって実にやりにくかったろうと思う。会ったときには『何年の求刑にしなさい』とわれわれに強く命令する。が、そのあとで大てい電話をしてよこして『さっきのは命令ではない、われわれから見ればそういう求刑もありうるということだ』といって、一応裁判不干渉の立場をとるようにつとめていたが、〝オドシ〟にはいつも困惑していた」

松川事件について、その発生直後から、日本の警察、検察、裁判に干渉しないはずはなかった。松川裁判に明らかに二世と思われる人物が裁判長席の後に監視するようにして控えていたり、二審では実際にMPが裁判所を遠巻きにし、要所要所をかためていたことは周知のことである。

共同通信の記事は次のように報じている。

「軍政部とは別に県内で秘かに活動していたのは、福島CICだった。この地区のCICは当時、旧軍人の調査が一段落すると、二十三年ごろから共産党対策に熱中した。松川事件が起った時、報告に行った警察幹部に対し、CIC隊長のアンドリュー少佐が繰返して、共産党の犯行だ、と強調した。松川事件に関する限り、東北管区CICも、東京のCIC本部も、異常な関心を持っていたのは事実である」

たしかに、そのとおりであったろう。もしも予讃線事件のように、捜査の方向がアメリカ軍自体に向けられる状況になれば、事態はまったく逆になる。謀略は常に両刃の剣でもあるからだ。彼らにとって、庭坂・予讃線が迷宮入りになっても、下山事件を自殺として結末をつけてもよかった。だが、とどめの一石である松川事件が迷宮入りになっては困るのである。松川事件が共産党の事件ということになれば、これまでの事件は迷宮入りでも、他殺ではなく自殺でも十分に計画は生きる。松川事件に関するかぎり、米軍当局は異常な関心を、その捜査の方向に持っていたのは当然であったろう。その意味からいえば、玉川警視は日本占領史のなかで、米軍当局にとって第一の功労者といえるかもしれない。

しかし、アンドリュー少佐が、事故発生の直後に、共産党の犯行だ、と断定できた根拠は何であったか。捜査当局でさえ五里霧中のときである。根拠があるとすれば、共産党員を犯人にしなければ、作戦上に支障をきたすという以外には考えられないのである。CICは捜査当局に示唆を与え、共産党を憎むあまり、彼らの暗示や情報を、鵜呑みにした玉川警視たちを計画どおりリードしたとみるべきではないだろうか。このCIC隊長の言葉は、事件発生の翌日、「三鷹事件と思想的底流において同じである」と予言者のような談話を発表した吉田内閣増田甲子七官房長官の言葉とあわせて注目にあたいするものである。

「アカのバック・アップね、ノー」

では、事件当夜、福島CICの要員はどこにいたのか。

諏訪メモに、CIC通訳として登場してくる加藤俊男氏は次のようにいっている。

「当時、福島CIC本部は市内平和通り、いまのろう学校のところにあった。要員は八人から十人で、そのうち二世が四人、フジタとヤマナカというのがそのなかにいた。

私は五時にはいつも帰宅していた。事件前夜、五時現在、誰かがいなかったということはなかったと思う。翌朝『顚覆事件があった』と騒いでいたが、このときもだれかがいなければ、すぐにわかったはずだが、そんなことはなかった。誰かがいなければ、小人数だからすぐわかるのだが。でも、前夜五時以後から朝九時ごろまでの彼らの行動については何も知らない。もとより、共産党名簿などはその前にできあがっていた。

事件後私の仕事は急に忙しくなった。翻訳、通訳の仕事がふえたからである。もちろん重要な書類はわたされなかったと思うが。

事件の翌日だと思う。警察から、今の被告たちが、事件前に謀議をしていたという情報が入ったとの連絡があった。軍政部では、刑事部長と警察本部長とを呼び出して、『そのような重要な情報を、どうして今まで知らずにいたんだ』とひどく叱りつけていたのを覚えている」

刑事部長と警察本部長を呼び出したのはＣＩＣではなく、軍政部であることに注意していただきたい。

つまり、加藤氏の言葉は、事件発生と同時に、松川事件は、表面的には軍政部の手に移ったことを、意味している。私は、事件の計画についても軍政部では知らされていなかったのだと思っている。ＣＩＣに「情報」を連絡したのは玉川警視であったろう。彼は上司や担当検事をさしおいて、ぬけがけの功名をやっていることは、差戻審判決が指摘しているとおりである。

ＣＩＣに日本人通訳として勤務していたのは、加藤俊男氏のほかに、今村町子と油井シン子（旧姓遠藤）という二人の女性であった。

今村さんは二七年秋に同本部が閉鎖になるまで、ホーム・リーガル・エンド・ガバメント課の通訳を担当しており、当時のＣＩＣの動きをかなり知っているものと思われる。

しかし、当時の通訳が現在どこに住んでいるか、それを探し出すだけでも大変な仕事であった。とくに女性の場合は軍とともに移動しているのも多いのである。アメリカ市民権をとっている場合などは、探しあてようもないのが実情だ。

今村さんは福島ＣＩＣ閉鎖後、しばらく仙台ＣＩＣ司令部に転勤した後、現在は青森県三沢市のＯＳＩ（米空軍諜報部）に勤務していることをさぐりあてた。われわれの一人は早速三沢基地にとんだ。そして、七月末のきびしい夏の陽が照りつける午後、ようやく今村さんの自宅を発見した。彼女は市内の官舎に実父と住んで、昼間は基地勤務である。もちろん彼女は留守、留守をあずかる老父はしきりと記者の訪問を敬遠した。

「うちは米軍の警察につとめている関係上、会ってもなにもいえないことになっています」

ただ、彼女に会う目的だけで三沢までやってきた労をねぎらいながらも、厳しく記者の撃退をこころみるのである。彼女が帰宅してきたのは、老父との押問答を数時間くりかえした後だった。

「私、なにも知りませんわ」

　CICのあった場所でさえも「いえない」の一語で終わった。彼女はなにも答えようとはしないのである。CICの機構、仕事はみなタテの線でつながり、当人しか知らない場合が多い。もとより、日本人通訳に秘密を洩らすようなことはなかったであろうが、われわれとすれば、彼らの行動の一端でもにぎればそれでいいのだ。だが、彼女はOSI勤務であり、アメリカ市民権を獲得していた。もしもアメリカに不利益をもたらすような機密を洩らしでもすれば、彼女は米国市民として法律の裁きを受けなければならないであろう。われわれの三沢行きは完全に失敗に終わった。

　油井シン子さんもまたアメリカ市民権を獲得していた。彼女は福島CICの閉鎖と同時に、仙台CIC、CID（犯罪捜査課）に移り、いまは朝霞のキャンプ・ドレークに勤めているということがわかった。だが、日本人従業員のなかにも、メイドのなかにも彼女の姓名を発見することはできなかった。それで仙台の米軍関係の機関に勤めていた通訳をたずねあるいて、彼女に関する噂を聞き出し、東京―朝霞を数回往復したのちに、ようやく彼女を発見した。そして得られた彼女の答えは、「アカのバック・アップね、ノー」の一言であった。

　一方、当時福島CIC要員であった日本人二世、ヤマナカと結婚した阿部ひろ子さんが、アメリカに渡った後離婚して帰国しているといううわさが入った。ヤマナカもフジタと同様、「青葉」の常連であった。彼女からあるいは何かを聞き出せるかも知れない。夫婦であれば、日本人通訳にたいするときより、懸隔はとれているであろう。淡い期待があった。

彼女は飯坂で芸者にでていてヤマナカと知りあったのだが、実兄が平市の川徳一家の身内だとわかった。しかし、平にとんで知りえたのは、離婚したというのはデマで、いまも米州カリフォルニヤに住んでいるということだった。

当時のＣＩＣの動きを知っていると思われる者にかぎって、日本にいないか、姿を消しているか（予讃線事件の場合を参照）、アメリカ市民権を持っているのである。福島ＣＩＣの女性通訳である彼女たちも例外ではなかった。

松川事件では、重要な任務を実行為のなかで担当していたと思われるＣＩＣであるが、その機構の特殊性からいって、いまわれわれに残されているものはなにもないのである。

第八章　真　実

一五九列車の運休を指令したのは誰か

列車顚覆作業にとって、下り一五九貨物列車の運休は必須の条件であった。赤間自白によれば、現場到着の時刻は二時一〇分ごろと推定されている。作業に要した時間は二三分ないし二七分、つまり破壊作業が終了したのは三三分ないし三七分頃ということになる。

もしも、一五九貨物列車が平常どおり運転していたとすれば、現場を通過するのは、作業開始後の二時一二分ごろである。一五九貨物列車は作業にとって障害となる。とすれば、犯人は、この列車の運休を知っていた者でなければならないことになる。

このことが裁判で問題になったのは当然であった。検察側のいういわゆる東芝における連絡謀議である。

「一六日夜の加藤被告による連絡謀議というのは、一六日午後二時頃から東芝松川工場で、松川労組の組合大会が開かれ、同大会に出席した国鉄側の加藤被告が、同大会の終了した後、午後九時頃（一審判決では八時四十分頃）八坂寮組合室で、杉浦、太田、佐藤代治、大内らと（佐藤一、浜崎をも一審判決は加えている）会合し、顚覆させる列車は福島発午前二時四十何分の上り旅客列車、決行の時刻は午前二時から二時半頃とすること、右列車の前の一五九貨物列車は運休で、時間は充分あること、松川からも二名バール、スパナを持って参加されたい等の連絡をし、杉浦らがこれを承諾したとされているものである」

　だが、現被告らは、一五九貨物列車の運休を知らなかった、と差戻審判決は指摘する。

「本件一五九貨物列車の運休も一般の場合より遅れて決定されたという特別事情もないとすると、通常どおりおそくも十六日午前九時半から十時頃までの間に決定されたとみられる公算が大であることが認められる。そうすると、加藤は午前十一時二十八分福島発の列車で松川へ行ったのであるから、出発前に右運休を知り得る可能性はあったわけである。けれども、問題は、上告審判決も指摘しているように、加藤が運休決定の連絡を受けたと認められるだけの証拠があるかということである。……検察官は、加藤が福島駅で乗車する以前、福島管理部配車指令室に電話をかけて、右貨物列車の運休を確め知ることは十分可能で、殊に加藤は解雇前福島電務区電信係だったのだから、出発前国鉄電話を利用して、一五九貨物列車の運休を確認したものと推認されると主張する。しかし、検察官のこの主張は、福島配車指令室にシンパのいたことを前提としない限りナンセンスである。そのような特殊列車の運休を問い合せたりすれば、怪しまれて事件のあと直ちに捜査の対象となることは必定であるから、通常そのような危険を冒す愚は敢えてしないからである」

では、一五九貨物列車の運休を指令したのは誰か。

四国予讃線、奥羽線庭坂事件でも、列車の運休、遅延が顚覆作業の条件となっていたことはすでにのべた。そのどちらの場合も、列車運行表を支配できる者だけが犯罪を遂行させる可能性をもっていたのだと推定した。

ここで、当時国鉄の実権をにぎっていたＲＴＯ（輸送司令部）がクローズ・アップされてくるのは当然のことである。

元福島ＲＴＯの通訳をしていた柴山精一氏は次のようにいっている。

「鉄道関係ではＲＴＯのほか、シャグノン中佐が統轄するＣＴＳ（民間鉄道輸送部）があった。当時、福島ＲＴＯには外人兵隊は一人もいなかった。引地某・小野寺某の二世がいた。命令は仙台の司令部からいちいちなされた。だが、このＲＴＯの権限は絶対的なもので、占領軍輸送優先はいうまでもなく、ダイヤ変更などは仙台から電話一本でくる。日本側はそれを調整するのに大わらわだった。福島では軍政部、ＣＩＣなどから輸送の申込みがあると、それを日本側の駅で勝手にはできない。いちいち地区司令部へ報告して、司令部の指図を待つのだ。それによって国鉄は動かなければならなかった。仙台の司令官の名前はたしかマックァランド、といったように覚えている」

一五九貨物列車を運休させることなど、絶大な権力を持っていたＲＴＯや、その上部機構であるＣＴＳにとっては物の数ではなかったのである。

ＣＴＳのシャグノン中佐が、日本における事実上の「運輸大臣」といわれ、日本の鉄道を「マイ・レールウェイ」といって私物化していたことは有名な話である。

シャグノンと福島県の関係ではこんなことがある。

「シャグノンは一度だけ来福したことがある。松川事件より大分前だったと思う。でっぷり肥った大柄の男だった。もとより私などには何の理由できたのかは知らないが……。だが、福島管理部事件のさいに、県警が仙台の警察を通じて仙台の司令部に指令を仰いだ。仙台司令部からシャグノンに電話がまわり、シャグノンの通訳から、直接福島のＲＴＯに電話がきた。『シャグノンの命令だといって解散させろ』というわけだ。これは秘密電話だったのだが、私が聞いている最中に、みんな一斉に散ってしまった。党の人に盗聴されていたのだと思う」（柴山精一氏）

とにかく、一五九貨物列車は、以前からときどき運休していたのだから、八月一七日の運休もまた、不自然なことではないというかも知れない。しかし、犯行を企てるのに誰が不自然さをよそおうであろうか。

だが、この事件には常識では考えられない不自然なことが一つだけあった。

大西機関士はなにを見たか

赤間自白による現場到着の時刻は、顚覆前の午前二時ごろ現場を通過した上り一一二列車の大西機関士が、「現場から約五百メートル過ぎた地点の水田と土手の間を白ワイシャツに黒ズボンをはいた長髪無帽の男ら四、五人が、しゃがんだり這うような恰好で列車進行と反対の事件現場の方に向って歩いているのを見受けたが、今になってみると怪しいと思われるフシが多い」（二四・八・一八『福島民友新聞』）といったことに赤間自白を符合させた曖昧なものにすぎない。もっとも、捜査のベテラン玉川警視の手に移ると、「四、五人」は、「三人か五人」にかえさせられる。「捜査当局は大西機関士の目撃した人影が犯人らであるとの想定に立っているのであって、8・23渡辺堅捜査復命書（大西勉を立ち合わせて実地見分したもの）がその種本」となって赤間自白はつくられたのだと差戻審判決は指摘する。

「新証拠赤間9・19玉川調書の、『私等五人は其処から元来た線路を通り、現場近くの踏切より約百五十米位の所まで（9・23山本調書「その踏切から約百米ばかり現場に寄った所まで」、10・1山本調書「予定現場から松川駅の方へ百五十米か二百米の所まで」）来た時に、上り客車（二時近く）に会ったので、私等は東側の土手の下の所にしゃがんだ。客車の窓明りのため顔がみえるからしゃがんだのである（白シャツ《一人は国防色》黒ズボン、二人はバール又はスパナを持っている）』の供述記載部分を、次の新証拠の捜査復命書の記載と比較してみるとよい。8・23渡辺堅捜査復命書添付の大西勉を立ち会いさせての実地見分及び同図面の記載『八月十七日午前一時五十七分頃、上り一一二列車が現場より約二百米、石合踏切より六十米の地点を通過する際、後部（補機車）機関車乗務員の大西機関士が客車の窓明りにより三名乃至五名位のいずれも白シャツ黒ズボン、年齢二十四年前後の不審なる青年が現場方面に向け、前こごみになり、客車の窓明りを避けるような態度で何か物を持って、静かに歩いているようにも見えたのを現認した地点（図面の表示によると線路の東側）。鉄道線路上より二米（傾斜）下の凹地である』。全体的情景、人数、場所の点で近似的に、時刻、窓明りの点で全く合致している事実は、その取り調べのすべてを雄弁に物語る確証である」

「捜査当局は、当時入手していた捜査資料により、大西機関士の目撃した人影が犯人であるとの推定に立ち、脱線作業は当然一一二列車と四一二列車の間、従って、午前二時から三時十分の間で、かつ赤間自白で線路伝いに帰ることになるから、金谷川駅から駆け付ける救援者に発見されないためには少くとも三時十分の三十分位前に現場を脱出することにならねばならぬとの想定をもっていたことは、殆ど疑いを容れない」

「このように、既に説明したように迎合的心境に陥った赤間は、「確信的」取調官によって、まず最初の自白が生まれ、その自白が次々に飴のように自由自在に曲げられて育っていった跡が、余りにも歴然として、証拠の上に現われているのである」（差戻後の第二審判決）

捜査当局によって、大西機関士の証言と結びつけられた「赤間自白」は、差戻審判決でついえさったが、彼が目撃した四、五人の男にたいする疑問は依然として残るのである。なぜならば、大西機関士にたいする聞きこみは、事件発生当日にえたもので、彼の記憶に予断があったとは考えられないからである。

筆者は、この章のはじめに、一五九貨物列車の運休は顚覆作業にとって必須の条件である、とのべた。

大西証人にも、捜査当局にも「怪しい人達」「なんだかおかしい」「数名の不審者」「本件犯人らしい者」と表現させるにいたった四、五人の男たち。これを解明しないかぎり、一五九貨物列車が運休する必然性は証明されないのである。

たしかに、歩いて現場を脱出しなければならない現被告を犯人と推定すれば、一一二列車と四一二列車のあいだの一時間一〇分は必要であろう。だが、検察側が上告しているとはいえ、完ぷなきまでに被告の無罪は立証された現在である。犯人が別にいたと考えるのは自然であろう。そして、犯人たちは自動車を使用したという推定もいまは成りたつのである。

そうすれば、真犯人たちは、四一二列車が現場を通過する三時一〇分の三〇分位前に現場を脱出する必要はなく、一〇分ないし一五分前に作業を終了すればよいわけだ。一一二列車と一五九貨物列車の間隔はわずか一二分にすぎない。残る五八分で作業は充分可能なはずである。これでは一五九貨物列車が運休した理由は成立しないのである。

見られる側の作意

事件が発生した一六日の夜は虚空蔵様のお祭りであり、「松楽座」のレビュー団も一〇時半ごろまで興行していたが、客たちはそれぞれ一二時ごろには自宅に帰っている。「この深夜この場所を大西機関士が見たような恰好で現場へ進む数名が他にありそうにも思われない」（差戻後の第二審判決）のである。

しかし、彼らが真犯人であったと推定してみた場合、あまりにも「犯人らしい」ことに気づくにちがいない。

「それ等の者は前こごみ（中腰）になり客車の窓明りをさける様な態度で何か物を持って事件現場の方に向って居り静かに歩いている様にも見えた」（八月二三日、渡辺堅捜査復命書）

顚覆作業立案者が、現場を二時ごろ通過する一一二列車があることを計算にいれてないということは、常識では考えられないことである。しかも旅客列車である。深夜とはいえ、乗客のなかにも目撃者はでてくるであろう。顚覆現場の稲田からは当日の朝、唯一の物的証拠とされたバールとスパナが発見されたが、男たちは、それを類推させるような「何か物を持って事故現場の方に向って」いるのである。

列車顚覆という犯罪を犯すのに、こんなにずさんな計画をたてるであろうか。一一二列車の通過するのは予想されていることであり、退避して通過を待つのが常識というものではないか。

下山事件のときには、「下山総裁らしい男」が、末広旅館や現場付近に出没したものである。この男は、下山氏の習慣や癖まで完全にマスターすることができなかったために、「替え玉」であったことがあきらかになり、下山総裁の死を自殺にみせかけるための演出であったことはいまや通説にさえなっている。

松川事件でも、大西機関士が目撃した「四、五人の男たち」は、実は犯行の偽装を担当したのではなかっただろうか。

岡林弁護人は、第二審の最終弁論で、大西勉証言について、「一審検証のさいには、私も機関車に同乗したが、人の姿さえみとめることができなかった」といっている。

しかし、大西勉機関士は「四、五人の男」を目撃しているのであり、彼の事件当日の談話が事実であるとするかぎり、見られた側に何らかの作意があったとみるべきであろう。

つまり、四、五人の男たちは、大西機関士の目にとまるように行動していたのである。そして、目撃者に「不審な挙動」を印象づけるように演出する必要があったのである。

「髪が長くボサボサ油気がなかった」というのは、玉川警視や安斎亥之松警部補のような田舎の警官が「共産党員」にたいしていだいている固定観念とまさに一致する風貌ではないか。

計画立案者の演出は見事に成功した。増田官房長官の談話とあいまって、共産党の破壊活動であるかのような宣伝の任務をマスコミが受け持ったからである。この当時の雰囲気を表現しているのが、事件現場の殉難の碑にきざまれた碑文である。「……昭和二十年太平洋戦争終了後犯罪ノ数激増シ過激思想モ亦抬頭ス世人斎シク之ヲ憂フルノ時」と。

捜査当局もまた、計画立案者が考えていたように、捜査の目を共産党に向けた。

大西機関士が目撃した「四、五人の男たち」が持っていた物は、捜査当局も類推したように、バールやスパナであった、と私は思っている。偽装がこの班の任務であるならば、そう考えるのが自然である。彼らは顚覆予定地に到着すると、持参したバールとスパナを田圃にほうりこんで、ただちに現場を立ち去ったのだと思う。バール、とくに発見されたスパナには、レール破壊に使用された痕跡がないことは、このことを証明しているのではあるまいか。判決は次のようにいっている。

「常識的にいえば、素人が証一号の五の自在スパナで、当時の本件現場の縦目二ヵ所のボルト、ナット八個を全部緩解できるということは、殆ど偶然に近いといっても敢えて差支えないであろう」

「玉川証人は次のように証言している。『証拠品の自在スパナの頭は私の前に誰かやった時にも少し曲ったと思うし、私がやった時も少し曲ってきた。私の後の人の時にもまた曲ってきたので、証拠品を毀しては困るから、というので、証拠品で実験することはやめた。最後にはナットを取るのに困難になった程度に曲ったのである。最初、スパナをナットにはめてスパナの柄の方に足をかけて踏んだ。それが曲ったかどうかわからないが、とにかく実験しているうちに曲ったのである。両手でもやってみたが、一回目はかたかったと思う』と。

右玉川証言は、却って素人が本件自在スパナでナットを緩解すると、スパナが破損したりして成功することが極めて困難であることを物語っているのである。それにしても、捜査主脳のベテラン達が重要極まる証拠品を使用して実験し、その証拠品に損傷をきたしたなどという事実は、まことに驚くべきことで、捜査常識上到底考え得られないことである。痛くもない腹をさぐられて証拠隠滅だなどと、濡衣の疑惑をかけられても、弁解の余地がないということになろう」(差戻後の第二審判決)

田んぼから発見されたスパナは使用されていなかったのである。バールも同様に使用されていないとみるのが自然であろう。

ところで、偽装のために稲田にバールとスパナをほうりこみ、彼らが現場を離れたのは遅くとも二時一〇分以前であったろうと推定される。もとより、偽装班は自分たちの行為がいかなる作業につながるのか知らされていなかったはずである。全体の作業を把握していたのは立案者だけであったにちがいない。継目板を取りはずす任務をあたえられていた実行行為の班も例外ではなく、自分たちが到着する前になにがおこったか知らないであろう。

偽装班が姿を消してから、一〇分後の二時二〇分ごろには実行班が現場に到着し、したがって作業終了時刻は二時四〇分ないし四五分ごろであったと思われる。

ここで、はじめて一五九貨物列車の運休がレール破壊作業に欠くべからざる条件になってくるのである。そして、目撃者をつくるのが目的である偽装班にとっては、貨物列車より旅客列車の方がいいわけである。

草色のペンキと刻印『Y』

四、五人の男たちが、顚覆現場の田んぼにほうりこんだバールとスパナの出所が判明しないかぎり、犯人を指摘できないのは当然のことである。裁判では、松川線路班の道具ということで、被告と結びつけた。だが、発見されたバールには「Y」という刻印がおされ、草色のペンキが附着していたのである。

「当審検察官の立証により本件バールがゲージタイで作られたものであることは明らかになったが、『Y』字の刻印と同種同様の刻印のあるバールは遂に発見されなかった。

本件バールにきわめて少量附着している草色の塗料につき、検察官は昭和二五年五月二七日一審検証のさい、証拠物運搬に使用したコマンドカーの塗料が附着したものであることの立証に努めたが、かならずしも成功したとはいえない。ことに、証一号の三の継目板にもこれに類した草色の塗料が少量附着していることが当審差戻審になって、はじめて発見されたのであるが、この縦目板の塗料の附着部分からみて、検察官主張のようなコマンドカーに積み込む場合に附着するようなことは殆ど不可能な個所で、もし附着するとなれば極めて稀有の場合といえよう。

原二審において加藤孝夫証言により明るみに出された本件事故直後松川線路班から本件自在スパナと同型の自在スパナが一挺、福島保線区に引き揚げられたまま所在不明になったという事実が、それに該当するとみられる自在スパナが当差戻審になってから発見されたことによって、一応明らかにされ、裏付けられはした。即ち、右の自在スパナが昭和三五年七月五日金谷川巡査駐在所事務室の棚の上から発見されたとして、当裁判所へ証拠品として提出され、その間の事情が関係証人の証言によって明らかにされたのである。しかし、一面、このような事実があったことは一審では全然わからず、原二審以来問題になっているにも拘らず、所もあろうに巡査駐在所事務室の棚の上に眠っていたまま不明で、当差戻審になって、はじめて発見されたという事実は、『諏訪メモ』等不明朗とみられても仕方のない事情がないとはいいきれない事件であるだけに、一般に何か割り切れない明朗でない誤解を与える虞がなくもないであろう」(差戻後の第二審判決)

バールとスパナが、国鉄線路班の備品であるという証拠はないのである。

松本清張氏は、附着した草色のペンキはアメリカ軍兵器の保護色と同系統のものではないかと推理する。筆者もまた松本氏と同じ推定をする一人であるが、では、なぜ継目板のナットもはずせないスパナを遺棄したのか、という疑問にであうのである。それについては彼らの手に入るものは軍の備品でしかもすべてに「ＵＳＡ」もしくは軍の所属部隊名の刻印があり、偽装のために現場に遺棄するのには適当なものがなかったからであろうと思われる。バールについても、注意しなければ判読できない「Ｙ」の刻印のものがようやく発見されたというのが実情なのであろう。保線工事にはつくはずのない縦キズが、そのバールについていたことも、その辺の事情を物語っている。また、判決文が指摘する、後から検察側によって提出された継目板についている少量の緑色の塗料は、そのまま捜査当局とアメリカ軍の関係がいかなるものであるかをしめしているといえよう。

第九章　黒　幕

ガーゲットという男

日本における一連の謀略事件のすべてが、G2―CICの仕業であるとみるのは早計である。

大野達三氏は『謀略』のなかで次のように書いている。

「日本の占領行政とくに裏面工作や破壊活動で重要な役割を果した機関はGHQのほかにもう一つあった。それはCIAである。占領行政のはじまった一九四五年頃は、この機関は存在していなかった。ただCIAの前身ともよぶべきOSS（戦略活動局）の対日機関であるザカリアス少将を長とする情報機関が日本占領に参画した。ロイ・モルガン、ウォーレン、グリーンなどがこの機関につながって活躍した。CIAがアメリカでつくられたのは一九四七年である。（中略）アメリカが『冷い戦争』をすすめるために全世界にちりばめた巨大な情報機関であるCIAは、アメリカ大統領に直かつされ、国家安全保障会議のメンバーとしてその長官は絶大な権限をもたされている。一九四七年と一九四八年は、このＣＩＡの設立に対して、軍情報機関および国務省系統の情報機関などがその権限をめぐって反撃し、しばらくは完全な権能をもたなかったが、一九四九年はじめ他の情報機関を圧倒して、その地位を確保した。日本には極東支局がおかれＧというイニシャルの長が就任し、ＤＲＳというおもてむきの看板をかけた。ＤＲＳ（Documentary Research Section＝資料調査局）は情報機関としては最高の権限をもち、Ｇ2、ＣＩＣ、ＣＩＳ、ＣＩＥなどの各情報機関から最良のスタッフとスパイ群をぬきとり、下山事件がおこった頃は完全な組織体制と権限をもっていた。この機関の存在は厳秘にふされていたので、日本の政府高官はＣＩＳ、またＧ2の係官として接触させられた。当時正確にＤＲＳの性格を知っていたのは、財界と民自党首脳部および警察の幹部だけであったろう。細部の内容はわからないが、機構は、組織部と情報部および破壊活動部の三つの部をもち、それぞれ班と補助機関をいくつももっていた有名なキャノン機関も、情報工作班の一つであった」

「破壊活動および日本の財界、政界に特殊の工作を行うことについては、Ｇ2とＣＩＣはＣＩＡの承認がいったし、Ｇ2が集めた情報はすべてＣＩＡに報告する義務をもっていた」

イニシャルＧという人物は、ジョージ・ガーゲットといい、任務の特殊性からいって、いくつかの名前を使いわけていた。鹿地事件に登場するガルシェー大佐は、実はガーゲットであるという説もある。鹿地事件について米側の公式発表では「キャノンという中佐は米軍人名簿の中にはあるが、当人は十ヵ月も前に日本を去っているので、本人かどうかは分らない。また、ガルシェーという名前は名簿にはない」といっている。

しかし、鹿地事件にCIAが関係していたという事実は、地元の日本よりもアメリカで信じられている。

一九五四年一〇月六日付の、『IF・ストーンズ・ウイクリー』は「CIAは共存主義と両立するか」という記事を掲載しているが、そのなかに次のような一節がある。

「昨年八月三日号のタイム誌は、『CIA係官は公然とみとめてはいないが、CIAは最初から広範なスパイ活動や破壊活動にたいする援助に従事したこと、さらにスパイ活動のために昔から使われている道具や、その最新式の改良品（たとえばプラスチックの爆発物など）で装備したCIAの出先機関が世界各地にバラまかれている』と報じている。これらの出先機関はいったい何をしているのであろうか。

もっとも早くこれをとらえたのは一九五三年一月九日付『ワシントンポスト』紙の社説であり、それは消息筋からの特別情報にもとづいて書かれたもののようである。同紙は『従来とかくのうわさにのぼっていた偉業の実例』として五つの事件をとりあげている」

同紙はCIAがおこなった五つの事件をあげているが、その二番目に明らかに鹿地事件をさしているると思われるものがある。

「第二に、一日本人を反対尋問を行うとの口実で、八ヵ月間監禁したこと（これは最初ウイロビー将軍の陸軍諜報部によってとりあげられた仕事で、CIAに移管されたものである)」

つまり、鹿地事件はG2部長ウイロビーによって立案され、実行に移されたが、後にCIAの極東部長ガーゲットの指揮下にうつされたとみるべきであろう。

CIAが日本にやってきたのは昭和二二年二月、松川事件の二年半前である。中国革命の成功とあいまって、アメリカ極東戦略の最大の拠点として重要性をましてきた日本における戦略的地位の確保にその目的があったことはいうまでもあるまい。もとより、そのなかには、ソ連、中国および北朝鮮の軍事、社会情報の蒐集、また革命によって壊滅に瀕したスパイ・謀略機関の再編成の任務もふくまれていた。そして、事実、CIAに協力を誓った日本人スパイたちの多くは、密輸船にしたてられて、北朝鮮や中国大陸に送られたのである。衣笠丸事件、神祐丸事件、長周丸事件、海烈号事件、第二白鷹丸事件、第一七明神丸事件、如月丸事件、第六豊洋丸事件などは密輸船兼スパイ船の失敗した例である。

日本にやってきたCIAは、郵船ビル四階にDRSという看板を掲げて、G2やCICから有能なスパイや謀略専門家をひきぬき、日本におけるスパイ・謀略機関を再編成した。軍情報機関から白い眼で見られていたCIAなので、当然、GHQとの軋轢があった。横浜にあった第八軍G2の所属だったキャノン中佐(当時少佐)も、CIAからスカウトされた一人で、後にキャノン機関の本拠〝本郷ハウス〟に鹿地亘氏を監禁して組織が表面化することになるのである。

最近になって、CIA極東部長だったジョージ・ガーゲットがふたたび日本に潜入したという情報もある。

彼は占領中GHQやCICの下部機関としてスパイ・謀略に活躍したといわれる元特務機関の者や中野学校出身者で組織された〝柿の木坂グループ〟や〝日高機関〟などの幹部を札幌のグランド・ホテルに集めて、その再編成をはかっているというのである。（あとがき参照）

〝秘密外務省〟CIA

松川事件もまた、G2をふくむCIAのグループと、GHQのG2によって計画立案され、GHQの他の各セクションにたいして極秘裏に実行に移されたと思うのである。

前に引用した『IF・ストーンズ・ウイクリー』は次のようにもいっている。

「自動的な秘密〝外務省〟になりつつあるCIAのこの傾向はCIA自身が誇らしげにのべていることから、さらに完全に証明される。『サタディ・イヴニングポスト』紙は三回にわたり（10月30日、11月6日、11月13日各号）『CIAの奇怪なる行動』と題する記事を連載したが、これはCIAの承認を得ている正式のCIAの横顔である。

この記事によれば、グァテマラのアルベンス政権、エジプトのファルーク政権、イランのモサデック政権を顚覆させたのはCIAの功績だとしている。これは新しい、そしてよりメロドラマ的な装いをこらした〝ドル外交〟である。それは海兵隊のかわりに秘密機関、破壊手段等を政府顛覆のために利用しているのである。外交手段でもなければ、軍事諜報活動でもないもう一つの活動方法は破壊行為である。スパイ網およびＣＩＡの公然な調査機能とあわせて、ＣＩＡは極秘の第三部隊を動かしている。

これは監禁した人たちの愛国心に訴えてただちに行動に移るよう煽動できるところで、自由軍を援助し、煽動するという極秘の活動なのである、と同紙はつたえている。

あるいは不満の徒が、不法活動に動員できるようなところ、すなわち抵抗運動が小規模ではあるが勇敢であるようなところ、そういう他の国ではＣＩＡ機関は破壊活動者の一隊を赤軍の鉄道、主要補給路の鉄橋に送りこんだのである。かくて鉄橋は爆破された。そのさい人命は失われ、施設は破壊を受けた。

これは、友好的な関係にあって、かつ、正常な外交関係を結んでいる国にたいして、平時に秘密のうちに仕掛けられた戦争である」

「『サタディ・イヴニングポスト』紙のＣＩＡについての連載記事は次の言葉で結んでいる。すなわち『〝潔癖な人びとが好むと否とにかかわらず、もしもアメリカの反共政策が道義的に正しいとすれば、その政策を押しすすめるための諜報関係の仕事もまた道義的に正しい〟という考え方の上に立って、ＣＩＡは今度とも仕事をつづけて行くであろう』と。

課報関係の仕事もみとめられた国際的道義によって、〝道義的に正しい〟ものとなるかも知れない。しかし、正しい目的のために遂行された場合でも、破壊活動や殺人行為までも道義的に正しいこととされるのであろうか。もしもＣＩＡが、目的は手段を正当化すると信じているとすれば、すべての道義上の戒律は放棄されてしまうのだろうか。何でも——たとえ無コの民が殺害されるような破壊活動さえもできるのだと信じこんでいる政府機関に、白紙委任状を渡すことが果して安全なことだろうか」

「破壊活動者の一隊を赤軍の鉄道、主要補給路の鉄橋に送りこんだ」というのは、ポーランドにおける鉄橋爆破をさすのであるが、この記事を松川事件にあてはめてみると、ぴたり一致する印象をうける。

キューバにおける反革命の失敗や、ラオスや南朝鮮（韓国）のクーデターなどで、ようやくＣＩＡにたいするアメリカ国民の批判の声がたかまり、それにつれて、黒いベールのかげからのぞかせはじめたＣＩＡの歴史をみれば、さらに明らかになるであろう。中国共産党が中国本土を制覇する事態を目前にして焦りをみせていたＣＩＡやＧ2が、急激に伸びていた日本の民主勢力の足をすくおうとしないなどと、どうして考えられるだろうか。「目的」のためには「いかなる手段」も辞さない、そのためにはたとえ「無コの民が殺害されるような破壊活動さえもできるのだと信じこんでいる」彼らではないか。

私は、松川・金谷川間の線路破壊の実行行為者は、ＣＩＡの破壊活動班第三部隊だったと思っている。それは一一人ないし一二人で、九人が二世であった。その他に偽装班やピケ班、自動車の運転手もいたが、これらのことは後述することにして、その前に不思議な一人のアメリカ人についてのべよう。

ジョージ・クレーは何かを知っていた

その男はジョージ・クレーといい、「指がきれいで長く、兵隊らしくない、いい男だった」(渡辺かおるさん・駐留軍勤務・東京都昭島市)。彼は金まわりのいい、それでいてひまをもてあましている落下傘部隊の大尉であった。一見好人物にみえた。だが、彼には孤独なカゲがただよっていた。

「ひまがありすぎるので、脱走兵ではないかと思ったことがある。ドルよりも日本紙幣を多くもち、どこかへ行ってはドサッともってきた」(渡辺かおるさん)

この奇妙な人物には三人の証人がいる。正確には四人だが、一人は行方不明で、その姓名すらも明らかではない。有楽町のDPEにいた彼の愛人である。三人は前にのべた渡辺かおるさん、仙台市で工務店を経営している熊谷七三氏、それに熊谷氏の長男・中村喜一氏(秋田市新中島土手町)である。

ジョージ・クレーはあるとき熊谷氏に謎のような言葉をもらした。昭和二四年暮のことである。

「終戦の年の一一月ごろ、仙台市郊外の黒川郡富谷村に使用人と行った帰り、軽便鉄道が事故のため、米軍のジープにのせてもらって帰った。そのとき運転していたのが、ミヤモトというのと、フジモトとかフジタとかいう二世で、仙台市二番丁にある佐久間元陸軍大将宅にあった特務機関に行くといっていた。

特務機関は、後に仙台市東一番丁の明治生命に移転したが、そのころから、二世とたびたび遊びに行ったりきたりするようになった。彼らは私の家にくるとき、自分たちの他に何人かの兵隊を連れてきた。そのなかにクレーがいた」

特務機関がCICを指しているのはいうまでもない。

クレーはよく熊谷氏の家を訪ねた。そして、一週間も、ときには半月ぐらいごろごろして遊んでいたようである。

「その年（註・昭和二四年）の少し寒くなったころ、私が新聞記事の松川事件をみて、『おかしなことがあるものだ』といった。クレーと二人で炬燵にあたっているときだった。すると、彼は『あれは日本人のやったことではない』という。

英語でいったのだが、はっきりとわかった。変なことをいうと思って問いただしたが、何度も『ジャパニーズがやったのではない』というのである。

『ロシア人の仕業でもないだろうから、一体だれのやったことか』と聞くと、クレーは『パパさんこんな話は誰にもするな』といったきりで、その後二度とこの話はしなかった」

クレーがCICと密接な関係をもつ落下傘部隊の特殊な任務をもつ将校であったことはたしかである。彼は軍政府（後に軍政部と改称）でも重きをなしていた。
「二三年ごろ、私がセメントの闇流し事件に関係したことがあり、アメリカ兵二名がきて、『十万円出せ』といった。そのとき、ジョージ・クレーが中に入ってくれ、軍政府に一緒に行ったりして解決してくれたことがある」（熊谷七三氏）
だが、彼はなぜ熊谷氏に、松川事件は「日本人のやったことではない」などと軽率にももらしてしまったのか。彼の日常から推察できる任務の特殊性からいって、口の固いことが当然なのだが。それだけに、クレーの言葉はある真実性をもっているともいえる。熊谷氏がそれ故にこそ、クレーから松川事件の真相を聞き出しえなかった心理はうなずける。
「彼は酒も飲まず、普通の兵隊のように、女を世話しろともいわないので不思議な男だと思っていた。私の家にいるときも、なぜか人目をさけ、暗くなると出て行き、集会場に行ったり、PXで買物をしてきた」（熊谷七三氏）
クレーは特殊な任務と体験を過去にもち、松川事件についてもなにかをにぎっていたのだろうか。
フジタという男が福島CICの二世の要員の中に実在したことは前にのべた。熊谷氏が最初にクレーに会ったとき、「フジタとかフジモト」という男ともいっしょだったといっている。この二人は同一人物ではなかったかと思われる。しかも、クレーは仙台のCICにも出入りしている男である。

「シナへ行く、シナへ」

『ストーンズ・ウイクリー』の記事はなにかを暗示してくれる。

「スパイ網およびCIAの公然な調査機能と合せて、CIAは極秘の第三部隊を動かしている」と。

ここに、ジョージ・クレーのクリスマス・カードがある。それには落下傘部隊歩兵第三部隊と明記してある。落下傘部隊とは、敵中深く降下して活躍するゲリラ部隊でもある。鉄道破壊などは日常茶飯事のことであろう。彼の日常からいって、一般隊員ではあるまい。歩兵第三部隊とは、CIAの破壊活動班第三部隊の世をしのぶ仮の隊名ではあるまいか。同じCIAがDRSという名でわれわれの目をあざむいていたように。

そうすれば、一般隊員には考えられないほど金をもっていることも、暇をもてあましていたようにみえたことも理解できるのである。CIAの第三部隊が、福島CICや仙台CICと密接な関係にあったことは当然であろう。ジョージ・クレーが真犯人だと、ここで断定するのは即断にすぎる。しかし、彼は事件の真相を知っていた。

「昭和二五年から私は立川で働き、以後クレーとは会っていない。私も不審な男だと思っ

ていたのだから、あなた方が不審な男と思うのも無理もない」（渡辺かおるさん）

「二四年のたしか九月ごろだった。クレーが、急に『東京へいっしょにいこう』といって、私と渡辺かおるさんという私の家に出入りしていた若い女性を誘ったのです。

あまり急のことで驚いたのですが、クレーは着ていた軍服を脱いで、だれかの服を貸してくれというのです。

おじいちゃんの服では小さすぎたので、うちに下宿していた人のを借りて着せました。クレーはその上からスプリングを着こんで、私たちと一緒に仙台駅から汽車に乗りました。

そのころ、米軍人には米軍専用列車がありましたから、私たちは当然、別々の客車でゆくのだろうと思ってましたら、クレーは私たちと一緒に日本人用列車に乗りこみました。なにか秘密の用があるのだな、とそのとき感じました。しかしクレーはスシづめの客車にじっとがまんして、立ちどおしで上野まで行きました。

その後、一度おじいちゃんは会ったとかいってますが、私は全然会っていません。風の便りでは、東京で脱走したためＭＰにつかまったとか、朝鮮戦争へ行ったとかですが……」（熊谷氏の長男・中村喜一氏）

おそらく、朝鮮に行ったというのが適当であろう。

「ジョージが東京へいってきたあと、一年か一年半たったころ、彼がひょっこりやってきた。二六年秋じゃなかったかな。なにしろ、私がカゼで四畳半に寝ていたら『パパちゃん、パパちゃん』と聞きなれたジョージの声がした。あまり突然なので吃驚《びっくり》してとび起きると、庭先にジョージが立ってなつかしそうに笑顔をつくっていた。

『あさって水曜日にくるからね』

彼は久しぶりにやってきたのになぜかあがりもしないで、そのまま去ってしまった。家にいたときには、一週間ほど毎日ごろごろしていたこともあるし、家族同様に親しんでいたジョージが、なぜあがりもしないで消えてしまったかいまだにわからないが、そのときどこかそわそわしていたようだった。服装は冬の軍服を着こんでいた。だから、正式の外出だったのかも知れないが、そのとき以来ふっと姿を現わさなくなった。そのとき、ジョージは『シナへゆく、シナへ』といっていたから、あるいは突然シナ？　へ行ってしまったのかも知れない」（熊谷七三氏）

シナとは、中国本土を指すことはもとよりであろう。ジョージ・クレーは、CIAの極秘の第三部隊として中国に潜入したのだろうか。

ハンマーが使われた

筆者は前に、大西機関士が目撃した四、五人の男は、共産党員による犯行とみせかけるための偽装であると推定した。彼らは、CICの下部機関の日本人たちであった。そして、実行為は一一人ないし一二人の男の手によっておこなわれたものであり、そのうち九人は日本人二世であったとものべた。九人の二世は、村上、平間証人の目撃した男たちであったはずである。彼らがＣＩＡの破壊活動班第三部隊の隊員であることはいうまでもあるまい。

二人ないし三人のアメリカ人のうち、一人は第三部隊の指揮者として現場に来た男である。あるいはジョージ・クレーであったかも知れない。あとの一人ないし二人は列車顚覆の立案者の一人と、連絡員であったろう。彼らが無線機を携帯していたことは当然考えにいれてよいからである。

彼らが使用した道具は検事側が主張するようにバールやスパナだけではなかったはずである。差戻審判決は、ボルト抜きとりにハンマーが使用されたことを指摘している。

「証一号の四の2のボルトは、本件Ａ継目から抜き取ったものとされているものであるが、当審証人石川昭一の証言によると、右ボルトのネジ山が潰れた所があり、ボルトにハンマーの打撃痕とみられる数個のあとがあって、同ボルトは胴がくびれていてナカナカ継目板から抜けないので、ハンマーで叩いて抜き取り、その際そのネジ山が潰れたものとみられるという事実が認められるのである。そうだとすると、これは赤間自白に出てこない新事実であり、赤間自白が虚偽であることを如実に証明するものである。検察官は、石川証人の証言する右証一号の四の2のボルトの頭にある打痕がいつ生じたかは証言していないので不明である旨主張する。けれども、同証人は、右打痕はボルトを継目板から抜き取る時、ハンマーようのもので叩いてできた痕であって、その際ボルトのネジ山が潰れたものであるというのであり、このようになったボルトは二度と継目に使うわけにはいかないのであるから、右ボルトの頭にある打痕と、ネジ山の潰れとは同じ時にできたものとみざるを得ない。なお、検察官は、継目板取り外しにつき、ハンマーで叩くのが通常のようであるが、その場合大きな音がするから、深夜隠密に犯行を行う場合、さような大きな音のする道具を使用することは通常考えられないと主張し、右のことはボルト抜き取りの場合をも含めて主張する趣旨なのであろう。しかし、現実に、物証のボルトにそれを継目板から引き抜く際に叩いたとみられるハンマーようのものの打痕がある以上、検察官の右主張は全く無意味である」

予讃線でも現場にはハンマーで叩いた個所が残っていたことは、さきにのべておいた。その場合も発見された凶器はモンキースパナと丸太棒であった。これは、その遺留品からみても同一手口の犯行と考えるのが自然である。しかし、松川事件が発生したころには、予讃線事件の捜査は尻すぼみになりかけている。もっとも、下山事件発生後、労組や共産党関係を洗ったものの、形式的なものだった。下山、松川事件がおこった以上、予讃線事件は、作戦が完了したとみられても仕方がないであろう。

ともかく、松川事件におけるレールの継目板取りはずし作業にハンマーが使用されたことは、差戻審判決によって立証されているのだ。さらに、判決文は、その作業量について次のようにいっている。

「外軌の切断個所から上り一本目のレールが一三メートルを外側の外方（線路東側）にとんでいた事実は、証拠上争いのない明白な事実である。この点につき、武藤（倉治）鑑定書には、『その軌条は前後軌条の力学的つながりがなく、横方向の束縛が存在しないため、車輪の横圧のため容易に曲線外側に移動したのを、後続車輪が衝撃して十三米もとび出しているから……云々』

『右軌条は、継目板が前後端二個とも取り外され、曲線外側犬釘及び軌条支材も抜き去られて、ただ枕木上に放置されている状態』なる旨、志賀（僑介）鑑定書には、『ソノ外軌B軌条ヲ正シキ位置ニ固定スベキ犬釘ハ取リ外サレ……両端ニオケル継目板モ失イタルB軌条ニハ、当時之ヲ正シキ位置ニ固定セントスル何物ヲモ持タズ、之ヲ押セバ容易ニ移動シ得ル《フラフラ》ノ状態ニ置カレシナリ』なる旨記載されてあり、さらに本件列車脱線顛覆事故報告書（証一〇号）には、『軌条の外側犬釘を全部抜いたのみでは、内側犬釘の支持力及び枕木の多少の食い込み等に支持され、大体曲線なりに定位置を保っているから、機関車通過の際これを外側に押し出し、横転するものと考えられる。従って、内側の犬釘を抜くか又は軌条の松川寄りを多少外側に押し出していたものと思う』という見解が述べられている。これらを総合してみると、外軌の切断個所から上り一本目のレールの内側の犬釘、チョックも相当数量抜き取られていた疑いが極めて強いのである。

そうなると、A、B両継目板の部分の枕木の内側の犬釘については、検察官主張のような合理的解釈が許されるとしても、それ以外の部分の内側の犬釘、チョックについては、赤間自白の限定的な供述と客観的事実が完全に食い違うことになるわけである。

A・B両継目とは「脱線始の外軌継目（A継目と仮称）の継目板二枚、ボルト、ナット四個、及び脱線始点より上り方面一本目と二本目の外軌継目（B継目と仮称）の継目板二枚、ボルト、ナット四個」（差戻後の第二審判決）をさし、犬釘は八本である。

付近にピケがはられていた

つまり、偽装班が立ち去ったあと、二時一〇分ごろに顚覆予定現場に到着した破壊実行班の一一人ないし一二人が、犬クギ三八本以上、チョック一二個以上、ボルト、ナット八個を取りはずし、破壊作業を終了したのは二時四〇分前後であったろうと思われる。使用された道具はハンマーを含むバール、スパナ数丁であろう。それには「USA」の刻印ないし部隊名の刻印があったと推定することができる。ソビエトに潜入するスパイに着せた特製チョッキには、注意ぶかく塗りかくされてはあったが、米空軍の標識がついており、彼らがけいいたいしていたすべての用具にも米国の財産であることをしめす標識がかくされてあった（ソビエト大使館広報課『事実は語る』参照）ことを思えば、バールやスパナに、たとえそれがＣＩＡの極秘の第三部隊であっても、米国の財産であることをしめす標識がないとは考えられないからである。

彼らは現場に遺留品がないことを再三にわたって確認したにちがいない。それから、彼らはアメリカ人の二人ないし三人の一隊と、二世の九人の二手に別れて行動した。アメリカ人の一隊はジープが待つ石合踏切の方に、二世の九人は川俣街道と陸羽街道のまじわる金谷川の方向に。そこには自動車が彼らを待っていたはずであった。

この九人にアメリカ人がまじらなかったのは目撃者を用心しての処置であろう。だから、彼らは「何も持っていなかった」（平間・村上証言）し、したがって使用した道具はアメリカ人が持ったと思われる。かりに、目撃者があらわれても、二世だけであれば、日本人による犯行を立証するだけであろう。

事実、平間、村上という二人の目撃者があらわれた。彼らは村上と会ったとき、一瞬ぎょっとして立ちどまった。しかし、すぐ気をとりなおしたように歩き出したのは、この辺の事情を物語っていないだろうか。

「飯坂温泉はどの方向かな？」と、先頭に立った一人がつぶやいたというのも、なにか、平静を取りつくろうときのわざとらしさを感じさせる。彼らが現在まで無事でいることは、九人のなかに白人がまじっていなかったためであるとも思える。英文の怪文書がある真実をついていることは事実であるが、その内容を信ずるとすれば斎藤金作さんが不慮の死をとげたのは、アメリカ人と二世がいっしょに、レール破壊作業をしているところを見たためではなかったか。もしも、平間、村上の二人が別の一隊に遭遇していたとすれば、斎藤金作さんと同じ運命をたどったかも知れない。

白人の一隊が向かった石合踏切は、九人のとおったコースに比較すると、数分もかからない地点だ。目撃者があらわれる可能性はないといっていい。しかも、石合踏切の周辺にはピケが張られていたにちがいない。

もとよりピケはその他にも松川工場や現場周辺に数ヵ所、十数人がそれとなく配置されていたであろう。筆者はさきに、斎藤金作さんの死をめぐる英文の「怪文書」を引用したが、斎藤金作さんを尾行したのも、実はこのピケ隊の一人であったと思っている。配置されたピケ隊は二世のCIC要員であったろう。怪文書でも、つぎのように書いている。

「それから五日後、一人の見知らぬ男がやってきて、彼に福島CICの事務所の位置を記した地図をみせ、明日此処へ出頭して下さい。話したいことがあるそうだから、と告げた」

だが、彼らは福島CICではなかった。地元のCICが動くことは、かえって馬脚をあらわすことになりかねないからだ。福島CICはみずからのアリバイをつくり、捜査当局をリードしながら、彼らと行動をともにする必要があったからだ。捜査の方向を共産党員の犯行に持ってゆくこと、つまり事後処置が彼らにあたえられた任務であったと思うのだ。捜査当局とＣＩＣの奇怪な関係や、彼らの行動はそれを物語っている。軍政部は事件の計画は知らなかったが、事件発生後、Ｇ２の掌握下にある以上、ＣＩＣに足並みをそろえたということはうなずける。

ピケを張るのに動員されたＣＩＣ要員は、福島周辺の要員ではなく、北海道から動員されたと推定できる。そして、彼らの一部は後に、芦別事件、白鳥事件に関係してくるのである。

彼らはキャンプ・ドレークに向かった

私は、二人ないし三人の男たちはただちに道具をもって仙台に、九人は東京（朝霞）のキャンプ・ドレークに向かったと思っている。しかし、三人については資料も残されていないので、九人がどこからきて、どこに去ったかについてのべる。

二四年八月一七日付、阿部卯月・遠藤俊一作成の捜査復命書には、

「金谷川村大字浅川字丸石四番地、慶治の妻・農業　渡辺きみ子・当三十三年

右者方に於て昨夜の列車顛覆事件発生時刻に於ける線路及び国道の通行人及び諸車の通行有無について尋ねたる処午前二時五十分頃トラックと思料される自動車の音響がして踏切点の所に於て停車したかの感がしたけれども、それが果して停車せるや否や不明である」

と記載されている。

この車の運転手は、習慣から踏切りにおいて一時停止をしたのであろう。だが、犯人たちの使用している車であれば、二時五〇分前後には列車の通過がないことを知っているはずである。同じ捜査復命書は「この点より見て或は犯人は自動車を利用して若しや現場に行って犯行を犯したのではないかと思料し、当地附近の人家を調査したるも人の通行したるかと思われるものを聞知せず」ともいっている。浅川踏切を通過したのはこの自動車一台だけであったと思われる。犯人が自動車を利用したとすれば、この自動車以外に考えられない。だが、この車は浅川踏切において一時停車をしている。

筆者は、この運転手は犯行の事情を知らない日本人であったと思っている。

ここで、斎藤寛之という人物に登場してもらわなければならない。われわれが、「真犯人はジャップじゃない」という、ジョージ・クレーに関する記事を『新週刊』に発表した直後である。われわれのところに、奇怪な電話がかかってきた。電話の内容は、「自分は陸羽街道と川俣街道の交叉するところから、九人の人間を乗せたが、あるいは平間・村上証人がみた九人ではないか、ということに、記事をみて気がついた。実は、十五日に、私が勤めていた、芝の保険局の向いにある福田という人からいわれ、救急車を黒く塗りつぶしたような自動車を運転して、仙台を廻って、陸羽街道と川俣街道の交叉するところで待っていた。二時五〇分ごろだった。場所は地図を書いて渡された。

福田という家には、アメリカ軍の人が出入りしていたが、私たちは郵船ビルから、その仕事をもらったはずだ。

車のなかで、たしか九人だったと思うが、男たちはだまりこくっていた。会話は英語だったが、一言、途中ボサッとした男に会ったな、といったのを聞いた。途中、郡山で非常線にあったが、なかから懐中電灯を三回点滅すると、無事通してくれた。そして、そのまま東京に直行し、朝霞の米軍キャンプに送りとどけた。その翌日、給料をわたされて馘首になったが、そのときの給料袋はいまも持っている。

そして、九人のうちの一人に、後楽園ジムの権藤・海津戦のときに、リングサイドで女とみているのを見た。それは、たしかにあの男だった。福田という表札は変わっているが、その家には、いまもアメリカ人が出入りしている様子だ」

男のいうのは、だいたいこのようなものだった。

彼は、ようやく姓名だけを明かしたが、住所は麻布一丁目の交番の近所という以外何もいわなかった。斎藤寛之というのが、その名前であった。彼は、われわれと会う場所を、夜の八時、港区麻布一丁目の交番のところにある公園のベンチと指定した。

指定の日時に、われわれは、松川事件弁護団の中田弁護士、松対協の鈴木氏とともに麻布一丁目の公園に出かけた。

しかし、男はついに姿をみせなかった。だが、彼が姿をみせないということで、とくに落胆はしなかった。もしも、彼の話が真実であるとするならば、それはありうることだった。なぜなら、総評系の週刊誌である『新週刊』の電話は、当局によって盗聴されているだろうし、われわれの情報はいち早く当局がキャッチしていたであろう。そこになんらかの妨害がなかったとはいいきれないからである。あるいは、彼がＣＩＡやＣＩＣの見えない手に恐怖をいだいたかも知れない。

しかし、われわれとしても、彼の言葉を全面的に信頼していたわけではなかった。それは、意識的に彼らが流した情報であったかも知れないからだ。

だが、これは調査するだけの価値はある問題だった。

まず、斎藤という人物が住んでいる麻布の区役所の出張所を当った。麻布には、斎藤寛之という男は二人いた。一人は乳幼児で、一人は会社の社長であった。だが、電話の主は運転手といっていたのである。そして、芝にはやはり昭和六年と一〇年生まれの同名の男がいたが、電話の主に該当する者たちではなかった。意識的に偽名を使ったのかも知れない。

一方、芝貯金局の向かいにある屋敷は、元鍋島邸であり、戦後占領軍に接収され、現在は三井クラブになっていた。クラブの守衛は、いまもアメリカ人は時々顔を出すとはいっているが、そこに福田という表札はかかっていた形跡はなかった。だが、占領当時もクラブになっていた広大な鍋島邸——謀略専門家たちがたむろするには地の利は絶好ではないか。

郵船ビルにはＣＩＣ本部もあったが、ＣＩＡの極東支部、つまりＤＲＳという看板をかかげていたはずである。

しかし、この怪情報に全幅的な信頼を置けないとしても、ある真実はついていると思う。つまり、九人の男たちは、仙台のキャンプから現場に到着、破壊作業が完了したのちに、朝霞のキャンプ・ドレークに向かったと思われる。彼らを現場から朝霞にはこんだ運転手は、あるいは斎藤氏であったかも知れない。現場に遺棄されていたバールとスパナは、仙台のキャンプにおかれていたものであろう。仙台には、小型の兵器廠があり、そこで偶然についたのが、バールやスパナについた緑色や朱色のペンキだったのだろうと思う。

ともかく、庭坂事件から松川事件にいたる一連の事件は、アメリカ軍およびＣＩＣの謀略事件としてみた場合だけ、その謎はとけるのである。そうして、いまもなお、ＣＩＣは朝霞のキャンプ・ドレークと霞ヶ関のリンカーン・センターに現存しているばかりか、その巨大な組織を誇るＣＩＡはアメリカ大使館のなかで謀略事件を計画し、実行に移しつつあるのだ。「口を密着テープではりつけられた男のように黙りこくって地下に隠された時計台や人間地震計」（ジョン・ガンサー『アメリカ諜報網の内幕』）のように。

あとがき

この原稿を書き終わったころ、旧軍人によるクーデター陰謀が発覚したというニュースをきいた。新聞の記事にあらわれたかぎりでは、綿密を欠くその計画からいって、自民党内部の派閥にからむ演出ではないかという感じがしたものであった。

だが、逮捕された人物たちが、かつてCIAに忠誠を誓い、密輸船を仕立てて、スパイとして中国や北朝鮮に潜入しようとこころみて失敗した海烈号事件（本文参照）の当事者たちであることを知ったとき、愕然としたものである。CIAのしゅん動をその背後に感じないわけにはいかなかったからだ。事実、彼らの一味から発見された防毒マスクはアメリカ軍の財産であることをしめす標識がついていたという。

もとより、これだけの証拠によって、CIAの謀略と考えるのは即断にすぎるかもしれない。だが、話は二年前にさかのぼる。

安保闘争の直前、昭和三五年四月二五日のことである。鹿地亘事件のときにガルシェー大佐の名前で登場したジョージ・ガーゲットが、札幌のグランド・ホテルにあらわれて、

CIAの下部機関の再組織にあたった。

そこに集まったのは台湾系中国人、在日韓国人、貿易商や旅行あっせん業をしている日本人たちであった。この日本人たちは、占領中、現地調達の方式によって、CIAやCICの下部機関でスパイ、謀略に活躍していた旧中野学校出身者や元特務機関員たちであった。

ガーゲットの任務は、CIAの下部機関として、いわゆるOSS（戦略活動局＝CIAの前身）極東支部の戦後版というべきものを、韓国、台湾、日本の旧軍人を統合して再組織することだった。余談になるが、現駐日アメリカ大使ライシャワー氏は、戦時中はOSS極東支部の情報将校であったといわれている。

件の人物について、ガーゲットではないという者もいるが、でっぷりした風采からいってガーゲットにまちがいないというのが通説のようだ。彼は、北海道にあらわれた後、東京麴町クラブ（日本の警察関係者が使用している）に姿をみせ、トルコのアンカラに向かったといわれる。

こうしたことがあったあとである。クーデターの陰謀が保守政党の派閥にまつわる演出であったとしても、その底には不気味な予行演習のにおいをかぎとることができるのである。かつて、庭坂事件、予讃線事件が松川事件に発展していったように。そして、こうした謀略に国民が不感症におちいったとき、われわれにはもっとも恐ろしい危機がおとずれるのである。

ここで、CIAの下請機関としての任務をもち、国税でまかなわれている日本政府の機関があることを簡単にふれておかなければならない。内閣総理大臣官房調査室である。

内閣調査室は、米国家安全保障会議の示唆によって、昭和二七年四月に設立されたのであるが、その性格は次のようなものである。

「講和条約の発効を前に、今後予想される内外重要国策の基礎となるべき諸般の情報を関係各庁と協力して収集し、これを綜合調整して政府に報告せしめると共に、国際心理戦に対処する高度な弘報宣伝の機能を果す内閣直属の情報機関」「防衛問題」「又、治安関係閣僚懇談会の事務局として、更にまた、日米情報連絡の事実上の日本側事務局として、その機能を果しつつある」（昭和二八年四月『内閣総理大臣官房調査室に関する事項』）。

内閣調査室が、CIAやOSIに依頼されて共産圏渡航者や帰国者の調査をしていることは、三五年の安保国会において飛島田一雄氏（神奈川県選出、社会党）によって問題にされたものだが、この機関がやがてCIAのように国民みずからを窮地におとし入れて行く謀略機関として成長しつつあり、日本人自身の手によって、第二第三の松川事件がおこされる危険が内包していることは警告しておく必要があるだろう。

しかしながら、いずれの場合でも、スパイ、謀略事件にたいして先制攻撃をかけて、これを打ち破ることができるのは、人民の自覚と団結以外にはありえないし、松川裁判の勝利はそれを証明したのである。

　本書の一部は昨年の六月から八月にかけて福永哲也・井口民樹両氏とともに、『新週刊』のために取材し、発表したものであり、当時の編集部長橋本威義氏は単行本として発表することをすすめてくれたものである。また、本書をまとめるにあたって、ご協力下さった松川対策協議会、『新週刊』編集部、三一書房編集部、その他の方がたに感謝の意を表させていただく次第である。

　なお最後に、真犯人を指向する貴重な資料が当局によっていまだにかくされている現在、われわれの力によってこれを公表させるように働きかけることは当然であるが、本書はその中間報告ともいうべき性格のものであり、こんごとも読者のご教導をお願いして筆をおく。

一九六二年一月

著　者

解　説――松川事件と下山事件～その奇妙な符合

柴田哲孝《しばたてつたか》

昭和二四年八月一七日、午前三時九分――。

福島駅を定刻に発車した四一二号旅客列車が、東京から二六一・二五九キロ地点の金谷川――松川間を順調に運行していた。だが、カーブに差し掛かった時、列車は何の前触れもなく脱線、転覆。機関車を運転していた石田正三機関士を含む三名が即死した。いわゆる「松川事件」である。

現場では何者かによって枕木の犬釘が抜かれ、長さ二五メートル、重さ九二五キロもある線路が外されていた。さらに付近の水田からは、松川線路班から盗まれたと思われるバール一本とスパナが発見された。このような状況から、脱線は単なる事故ではなく、当時全国で頻発していた列車妨害事件であることが明らかになった。

警察は後に（九月一〇日）主謀者の一人として元国鉄線路工夫の赤間勝美（一九）を別件で逮捕。その自白により国鉄労組の共産党員をはじめ地元の東芝工場の労組員など計二〇名を容疑者として逮捕、起訴し、「松川裁判」として物議を醸《かも》すこととなった。

日本の昭和史には、数年間の〝空白〟が存在するといわれる。正確には昭和二〇年八月の太平洋戦争終結から、二六年九月の「サンフランシスコ講和条約」調印まで——GHQ（連合国総司令部）の占領下にあった六年間である。この間に水面下で進行した政治的謀議、謀略に関しては、戦後六〇年を過ぎたいまも情報や資料が開示されることなく真相は闇に包まれている。

この歴史の空白の中でも、昭和二四年は特異な一年として語られる。一月二三日の総選挙では民主自由党が快勝し、第三次吉田茂内閣が発足。一方で日本共産党が三五議席を獲得して驚異的な躍進をはたした。〝共産化〟が危惧《きぐ》される中で二月一日にはジョセフ・ドッジが来日して経済安定九原則を主軸とする「ドッジ・ライン」を施行。それまでのGHQのGS（民政局）が主導した〝容共〟からG2（参謀第二部）が画策する〝反共〟へ。経済政策もまた〝民主化〟から〝合理化〟へと大きく転換していくことになる。

こうした時代背景を受けて、六月一日をもってそれまでの運輸省鉄道総局が「日本鉄道公社」（以下国鉄）へと生まれ変わった。同時に「定員法」の名の元に一〇万人規模の大量人員整理の風が吹き荒れる中で、国鉄三大事件が続発した。

昭和二四年七月五日、初代国鉄総裁下山定則が日本橋の三越本店から失踪。翌六日未明に国鉄常磐線の北千住——綾瀬間で轢死体となって発見された「下山事件」——。七月一五日、三鷹駅で無人電車が暴走し、六人が圧死した「三鷹事件」——。さらに一ヶ月後に起きた「松川事件」は、国鉄三大事件の中で最後に起きた事件でもあった。

私が最初に「松川事件」の情報に触れたのは、「下山事件」を取材中の一九九四年の春頃だったと記憶している。詳しい経緯は自著『下山事件　最後の証言（完全版）』（祥伝社文庫）に譲るが、私は当時、以下のような情報を得て確認作業に入っていた。

「主謀者は亜細亜《あじあ》産業とその周辺に集まる元大陸浪人や特務機関員、右翼関係者で、そのアジトは下山総裁が失踪した三越本店に近い通称ライカビルにあった——」

後に私は、一人の人物に出会う。下山、松川両事件の研究では第一人者として知られる元共同通信の記者、斎藤茂男である。斎藤は、私との会談の折、次のようにいった。

「自分は下山事件ではなく、『松川事件』の方を調べていて亜細亜産業に行き当たった……」

きっかけは事件から九年後、当時まだ続いていた松川裁判の弁護団の一員、松本善明に宛てられた一通の手紙だった。手紙は『松川事件』の真犯人を名乗る匿名《とくめい》の人物からで、封筒の裏書は「愛知県名古屋市熱田区丸高出」となっていた。内容は事件に関する告白で、犯行は自分達七人によるものであること。裁判中の容疑者は無実であることなどを綿々と綴《つづ》っていた。

斎藤は封筒の裏書から熱田区の「丸高旅館」を特定。これを手掛かりに手紙の出所を追った。その経緯を斎藤の著書『夢追い人よ』（築地書館）から引用してみよう。

〈宿帳はなかった。われわれは当時の従業員などの記憶をたどって投函当時の在泊者を追った。宿泊人の多くは近くの会社、工場の関係者で、そのなかに「金城《きんじょう》さく岩機」があった。旅館の主人林口氏の経営する「丸高建設」が戦前「金城」の工場建設を請け負った関係で、両者のつながりは深い。われわれの注意をひいたのはこの会社の工場長Y氏（四十八歳）の〝足跡〟だった。

Y氏は戦後、（中略）ライカビルに事務所をもっていた。「亜細亜産業」という紙パルプ製造販売を営業種目とするこの会社は、表向き普通のオフィスだが、「鹿地《かじ》事件（注・プロレタリア作家の鹿地恒がCIAのキャノン機関に拉致監禁された事件）」で実体を現わした米軍情報機関のキャノン中佐をはじめ……〉

一見脈略のない『下山事件』と『松川事件』。だがその裏を探っていくと、「亜細亜産業」という決定的なキーワードでつながっている。この〝符合〟は、はたして〝偶然〟なのだろうか。

今回この解説を書くにあたり、本書『松川事件の真犯人』を改めて再読してみた。著者の吉原公一郎氏は前述の亜細亜産業には触れていないが、ジョージ・クレーという米軍人を軸に、まったく別な観点から的確な取材と分析により真犯人を追い詰めていく。そしてその文中に、私の〝個人的な理由〟による新たな〝符合〟を発見した。

本書の一七三頁に、吉原氏は「松川対策協議会」編の『闇に消えた九人』というパンフレットから引用し、次のような出来事に触れている。

〈松川駅の踏切をわたって、西に百メートルほどゆくと左側にもう相当古くなった芝居小屋がある。これが松楽座だ。八月十六日夜（注・事件前夜）、ここにレビューがかかった。（中略）しかしともかく珍らしさと華やかさにつられて空前の客入り（四、五百名）となった。レビューは十時半前後にはねた。（中略）はねてから間もなく、一座の上の人たちと思われる一団の人々が（座員の半分位だったという）、福島に泊るといって自動車で立ち去った。（中略）

さて翌朝六時に掃除に行った時は、すでに楽屋に誰もいなかった。その時間は、もう列車転覆で大さわぎになっている頃だ。福島、仙台方面に座員が引き上げるのだとしたら、列車不通の時にどうやって帰っていったものだろうか。乗用車かトラックで去ったのか。このへんの事情は今もって誰も覚えていないのである。このレビューの興行主は元満州・中国などをわたりあるき、戦後は米軍や国鉄当局などとも密接な間柄の人物であったということがわかっているだけで、警察も、事件後このレビュー団そのものを追及した形跡はない〉

記述はその後、一座が前夜（一五日夜）に福島市の某所で米軍ＣＩＣの宴席に慰問団として出ていたことに触れ、「去ったレビュー団に疑惑を感じないわけにはいかない」と論じている。

確かに、奇妙だ。昭和二四年といえば、まだレビューなどという華やかなショーは銀座のダンスホールか、GHQの施設でしか見られなかった時代である。そのレビューが、突然、東北の小さな町の芝居小屋に現れる。団員の半分がその夜のうちに立ち去り、数時間後に歴史をゆるがすほどの大事件が起きた。そして早朝、レビュー団の一座は忽然《こつぜん》と姿を消していた……。

このレビュー団に関しては、松本清張も『日本の黒い霧（推理・松川事件）』の中で触れている。また日向康は『松川事件 謎の累積』の中で、このレビュー団は「宮崎市元宮町に住む島幹雄が昭和二十二年に編成して、同三十年に解散した『日本少女歌劇団』だった」と書いている。だが、この少女歌劇団を警察が追及した形跡はない。なぜなのか……。

符合、というよりは単なる偶然かもしれない。実は私も、過去にこのレビュー団の話を暗示させるような証言に触れたことがあった。実は「下山事件」の裏にも、GHQの慰問団の影がちらついていたのだ。

自著『下山事件 最後の証言（完全版）』の中に、事件当時下山総裁邸の近くに住んでいた大叔父（私の祖父の弟）が登場する。この大叔父は昭和二四年の夏にプリムス・デラックスというアメリカ車を乗り回し、前述の亜細亜産業に出入りしていた。だが一方では某少女歌劇団にマネージャーとして籍を置き、日本全国のGHQ慰問施設を回っていた。

大叔父の在籍した歌劇団と八月一六日に松川に現れたレビュー団が直接関係があるかどうかについては確証はないが、あまりにも奇妙な〝符合〟である。

松川裁判は昭和二八年の仙台高裁では二〇名の被告の内一七名が有罪、三名が無罪。だが昭和三四年に最高裁で差し戻され、仙台高裁やり直し裁判、最高裁の検察側上告の棄却を経て全員の無罪が確定した。その間に、一四年もの歳月を要したことになる。

『松川事件』は、日本の昭和史のターニング・ポイントに位置する事件である。だがその真実を語る資料、著作は、あまりにも少ない。吉原公一郎氏の本書『松川事件の真犯人』は、その中でも事件の本質を語る貴重な一冊である。

歴史は瓦礫《がれき》が崩れるように、音を立て、一瞬の内に動く。『松川事件』は、正にその典型的な事件だった。

だが、誰が、なぜ動かしたのか——。

それは事件から六〇年近く過ぎたいまも、闇に包まれたままである。

本書は、昭和三十七年二月、三一書房から『松川事件の真犯人――ジョージ・クレーと九人の男』として新書判で刊行されたものです。再刊にあたって、明らかに事実誤認・誤植と思われる部分のみ訂正しました。尚、本書の中で使用しました図版につきましては、『松川運動全史』（松川運動史編纂委員会編／労働旬報社）より引用させていただきました。

一〇〇字書評

切り取り線

購買動機（新聞、雑誌名を記入するか、あるいは○をつけてください）

- □（　　　　　　　　　　　　　）の広告を見て
- □（　　　　　　　　　　　　　）の書評を見て
- □ 知人のすすめで
- □ タイトルに惹かれて
- □ カバーがよかったから
- □ 内容が面白そうだから
- □ 好きな作家だから
- □ 好きな分野の本だから

●最近、最も感銘を受けた作品名をお書きください

●あなたのお好きな作家名をお書きください

●その他、ご要望がありましたらお書きください

住所	〒				
氏名		職業		年齢	
Eメール	※携帯には配信できません		新刊情報等のメール配信を 希望する・しない		

あなたにお願い

この本の感想を、編集部までお寄せいただけたらありがたく存じます。今後の企画の参考にさせていただきます。Eメールでも結構です。

いただいた「一〇〇字書評」は、新聞・雑誌等に紹介させていただくことがあります。その場合はお礼として特製図書カードを差し上げます。

前ページの原稿用紙に書評をお書きの上、切り取り、左記までお送り下さい。宛先の住所は不要です。

なお、ご記入いただいたお名前、ご住所等は、書評紹介の事前了解、謝礼のお届けのためだけに利用し、そのほかの目的のために利用することはありません。またそのデータを六カ月を超えて保管することもありませんので、ご安心ください。

〒一〇一－八七〇一
祥伝社文庫編集長　加藤　淳
☎〇三（三二六五）二〇八〇
bunko@shodensha.co.jp

祥伝社文庫

上質のエンターテインメントを！　珠玉のエスプリを！

祥伝社文庫は創刊15周年を迎える2000年を機に、ここに新たな宣言をいたします。いつの世にも変わらない価値観、つまり「豊かな心」「深い知恵」「大きな楽しみ」に満ちた作品を厳選し、次代を拓く書下ろし作品を大胆に起用し、読者の皆様の心に響く文庫を目指します。どうぞご意見、ご希望を編集部までお寄せくださるよう、お願いいたします。

2000年1月1日　　祥伝社文庫編集部

松川《まつかわ》事件《じけん》の真犯人《しんはんにん》

平成19年12月20日　初版第1刷発行

著　者　吉《よし》原《はら》公《こう》一《いち》郎《ろう》

発行者　深澤健一

発行所　祥《しょう》伝《でん》社《しゃ》

東京都千代田区神田神保町3-6-5
九段尚学ビル　〒101-8701
☎03(3265)2081(販売部)
☎03(3265)2080(編集部)
☎03(3265)3622(業務部)

印刷所　堀内印刷

製本所　積信堂

ISBN978-4-396-33398-0 C0195

祥伝社のホームページ・http://www.shodensha.co.jp/